法蘭西簡史
浪漫背後的殘酷

優雅而冷漠，美麗又血腥，
那些不容忽視的法國史

歸海逸舟
艾仲廷 著

時尚之都、美食之邦、藝術殿堂……
法國有多美好，它的歷史就有多殘酷！

內亂、戰爭不斷，瘟疫、饑荒頻仍，
最慘的時候，甚至想過要跟英國合併？
一本書帶你看盡浪漫國度的千年風華！

崧燁文化

目錄

羅亞爾河：冤魂彈就盛世之音

翹首漢斯 ·· 10

以上帝之名 ··· 19

喧囂帝國 ·· 27

弦斷音滅 ·· 37

凡爾賽宮：太陽王的皇城

地平線下・上帝・紅衣主教 ············· 56

旋轉木馬・太陽的化身・愛情 ········· 63

歐洲文明的燈塔 ·································· 73

悲壯的沉落 ··· 79

餘響 ·· 83

巴黎聖母院：驚濤駭浪中的浪漫穿行

種子隨風撒下 ····································· 96

詩歌的田園裡沒有禁地 ··················· 106

阿黛爾與朱麗葉 ·································· 115

死生・苦難 ··· 122

流亡的歲月 ··· 129

目錄

戴高樂廣場：傳奇時代傳奇人物

法蘭西火焰永燃不息 ……………………………… 147

慈悲的一擊 ……………………………………… 158

愛麗舍宮的歲月 …………………………………… 169

羅浮宮：光影世界繁華俗世

奧林匹亞 ………………………………………… 180

印象小史 ………………………………………… 185

葡萄美酒 ………………………………………… 196

羅亞爾河：冤魂彈就盛世之音

海明威（Hemingway）曾經這樣形容他對巴黎的感受：

如果你夠幸運，年輕的時候在巴黎待過，那麼巴黎將永遠跟隨你，因為巴黎是一席流動的宴席。

對於大多數的人，不管是到訪過法國的，還是無緣親見的，巴黎可能就是法國的代名詞，而凱旋門、凡爾賽宮、巴黎聖母院、香榭麗舍大道、艾菲爾鐵塔則是他們用來詮釋這個浪漫之都的最佳注腳。

事實上，如果忽略了羅亞爾河谷（Loire）──這個被稱作「法蘭西後花園」的地方，而去談完整領略法蘭西風情，那世界上又將多一個近於笑話的謬誤。相對於巴黎這個多元文化匯聚的浮華都市，羅亞爾河谷是一道未經世人觸碰的美麗風景線。如果說巴黎代表法國浪漫而前衛的一面，那麼羅亞爾河谷則是法國恬靜古典的另一面。巴黎的美，美在各種文化風格的撞擊和融會之間；而羅亞爾河谷則美在它甜美純粹的法蘭西風情。

羅亞爾河位於法國西部，全長 1,005 公里，是法國境內最長的一條河。它發源於中央高原，在布列塔尼半島注入大西洋，中間流經 6 個省區。這片貫穿法國人生活的核心土地不僅有美麗的葡萄園、色彩斑斕的菜園、美輪美奐的城堡、親切樸素的小鎮，更有悠久的歷史、古老的文明。

早在史前時代，羅亞爾河便有人類居住。名叫「tuffeau」的石灰石標槍、象牙魚叉、鹿骨小刮刀以及裝飾性洞穴的陸續

現身，將羅亞爾河的歷史上溯到舊石器時代。在法蘭西大地上參與了整個法國歷史的地區不多，羅亞爾河是其中一個。羅亞爾河水緩緩流淌，倒映了整個法國的歷史：

3,000 年前，德魯伊教（Druidism）虔誠的信徒凱爾特人（Celts）豎起了巨石陣。他們和周邊一帶的凱爾特人逐漸被通稱為高盧人（Gaul），而他們居住的地方也被稱為高盧。

西元前 58 年至前 51 年，羅馬大將凱薩（Caesar）征服高盧，寫下著名的《高盧戰記》（*Commentarii de Bello Gallico*）。從此，高盧成為羅馬共和國的一部分，也承襲了征服者的拉丁語、多神教和擁有大浴室、圓形大劇場和競技場的文明生活方式。在占領大部分土地的同時，凱薩開始在羅亞爾這片沃土上種植葡萄，釀製葡萄酒。

西元 5 世紀的羅馬帝國日薄西山，蠻族入侵促其分崩離析，昔日的高盧行省已然被法蘭克人（Franks）和勃艮第人（Burgundian）所占據。法蘭克人女性無繼承權的傳統致使法國從未出過一位女王。據說英勇的國王克洛維一世（Clovis I）在一隻鴿子給了他三根羽毛後贏得了一場戰爭，於是這三根羽毛成了法國國王的象徵，後來人們把羽毛畫成了百合的花瓣形狀。克洛維又在另一場戰爭中因祈禱耶穌庇佑而獲勝，隨後帶領所有將士接受洗禮，皈依基督教，並修建了聖彼得大教堂（St. Peter's Basilica）。跟著君士坦丁（Constantine）亦在羅

亞爾河宣布基督教為正統宗教。

西元 8 世紀，宮相丕平家族的「鐵錘」查理（Charles "the Hammer"）打敗已占領西班牙、越過庇里牛斯山（Pyrenees）、進入法國的信奉伊斯蘭教的阿拉伯人，使庇里牛斯山成為基督教世界西部的堅固防線。

西元 800 年，查理曼（Charlemagne）加冕為羅馬皇帝，重新統一四分五裂的西歐。他推行的「卡洛林文藝復興」（Carolingian Renaissance）更是黑暗中世紀的一道亮光。羅亞爾河畔小鎮上的那座最古老的教堂至今還在葡萄酒的香氣中隱隱地訴說卡洛林王朝的這段歷史。

西元 12、13 世紀是狂熱的十字軍東征的時代。路易七世（Louis VII）是參加十字軍的第一位歐洲國王，隨後始建羅浮宮（Louvre）的腓力二世（Philip II of France）也加入第三次東征，虔誠的「路易」（Louis the Pious）更是兩次參加遠征。

西元 13 世紀，教皇和國王鬥爭激烈，雄心勃勃的法王腓力四世（Philip IV of France）於 1302 年召開法國第一次三級會議以反對教皇。腓力甚至選出一個從未到過羅馬的法國人當教皇，致使教廷被囚亞維農（Avignon）達 72 年之久，使教會遭受中世紀最沉重的打擊。

而這一切，地處法國西隅的羅亞爾河都只是在遠遠地、靜靜地觀望，一直到 14 世紀。

1337 年英法百年戰爭爆發，1348 年黑死病開始在法國蔓

延，1418 年巴黎大火，貴族們再也無法忍受巴黎的混亂，開始大量遷出巴黎。於是法國的中心離開巴黎，開始向羅亞爾河畔的鄉村遷移，並且一去就是 150 多年。而在羅亞爾河離開觀眾席站到舞臺中央的時候，法國歷史正走到了瓦盧瓦王朝（House of Valois）的統治時期。羅亞爾河畔瓦盧瓦王朝的痕跡觸目滿眼：俯瞰著凱爾特人和羅馬人的昂布瓦斯城堡（Château d'Amboise）是查理八世（Charles VIII of France）的出生地；凱薩琳趕走情敵黛安，在舍農索城堡（Château de Chenonceau）內舉行了頗具傳奇色彩的化裝舞會；洛什城堡（Château de Loches）獨具特色的義大利花園是查理八世找義大利藝術家修建的……

沿著羅亞爾河回到瓦盧瓦王朝中，我們發現在這個甜美的後花園中，我們看到的不是淡然、閒適，而是戰火、硝煙。歷史真是個偉大的演講家，反諷是它一貫的伎倆，這個浪漫之都曾經有過的血腥，卻用波瀾不驚的羅亞爾河向世人訴說。雁過必留痕，儘管有違法蘭西給我們的甜美的印象，有違羅亞爾純然的風景，但是歷史的另一面我們終究還是要解讀。

從腓力六世（Philip VI of France）建立瓦盧瓦到亨利三世（Henri III）結束，羅亞爾河陪伴這個王朝度過將近 300 年的歷史，而期間戰爭始終是主題：與英國的百年戰爭、對勃艮第的內戰、侵略義大利的外戰和宗教戰爭，戰火、冤魂幾乎可以概括這個王朝。

翹首漢斯

1

　　百年戰爭開始於 1337 年，但其實隱患早在威廉一世（William I）於 1066 年征服英格蘭時就已經埋下。威廉原為法國貴族，自他之後歷代英王皆在法國擁有大片領地。然而這於夢想稱霸歐洲的法國無疑是種恥辱，他們尋求一切收復這些領地的機會。從法王腓力二世（Philip II of France）開始，法國逐步兼併了諾曼第（Normandy）等英王在法國的領地，但是基恩和加斯科涅尚在英王手中。加斯科涅（Gascony）位於法國西南角，懂酒的人應該都知道這塊重要的葡萄酒產地，古老的雅文邑白蘭地，五百年來都在這裡蒸餾釀製。為了這片土地的統治權問題，兩國小規模衝突不斷。這種情況在 1308 年，當英王愛德華二世（Edward II）娶了法王腓力四世的女兒後，變得更複雜。

　　1328 年，老腓力最後一個兒子查理四世（Charles IV of France）死去，卡佩王朝（Capetian dynasty）直系的男嗣斷絕。英王愛德華三世（Edward III）作為腓力四世的外孫要求繼承法國王位。法國貴族當然不願意，他們根據《薩利克法典》（Salic law）宣布法國的王位必須傳給父系或其支系的男性繼承人。1328 年，王室支裔瓦盧瓦家族的腓力六世作為腓力四

世的外甥，成了法國國王。瓦盧瓦王朝開始了它的統治時期。

　　腓力六世即位後，英王愛德華三世按照封建慣例得為他在法國的領地向腓力六世行臣服禮。1329 年 6 月在亞眠大教堂（Amiens Cathedral），16 歲的愛德華三世跪在了腓力六世面前。也就是在這個加冕禮上愛德華三世下定了和法王決一雌雄的決心。這次臣服禮似乎並不起眼，但在當時的英法關係變遷中卻是個分水嶺。只在瓦盧瓦王朝建立後一年，它與羅亞爾的緣分就已經注定。導火線在法蘭德斯（Flanders）點燃。法蘭德斯歷來是英國羊毛的主要買主，羊毛輸出對英國的財政經濟有很大的影響，但是從腓力四世起，法國就企圖占領法蘭德斯。

　　1328 年腓力六世在法蘭德斯伯爵的請求下，鎮壓了這個城市的起義，建立起對法蘭德斯的統治。愛德華三世決定以經濟制裁來促使法蘭德斯人服從英國的政策，抵制法國。

　　1336 年，除了預定給布拉邦（Brabant）和德國漢薩同盟（Hanseatic League）諸城市的羊毛外，所有的英國羊毛都被禁止出口。法蘭德斯的艱難時期來臨了，由於得不到英國的羊毛供應，許多行會都被迫停止了工作；以日薪為生的呢絨店雇工流落到農村，他們在農村的劫掠激怒了鄉村的農民；小店主也同樣受到沉重打擊，依靠向工人階級出售少量商品維持生活的小零售商被迫關閉了店鋪。法蘭德斯民怨四起，他們將這一切歸咎於法王。腓力六世也憤怒了。5 月，他以愛德華三世允許

法國國王的仇敵阿圖瓦的羅貝爾（Robert Ier d'Artois）避居英國為由下令沒收英王在法國的封地。

作為報復，愛德華三世以自己比腓力六世在血統上更有權繼承王位為由，於 1337 年 10 月 7 日重新提出繼承王位要求。這當然只不過是挑起戰爭的託辭。為支持英法戰爭，英格蘭的宗教機構向英王提供大量寶石和金銀祭品作為貸款。面對氣勢洶洶的英國軍隊，法國把自己最精銳的騎兵部隊派到了前線。當時，英軍沒有能與法軍抗衡的騎兵部隊。法王腓力六世揚言：

在強硬的馬蹄下，愚蠢的英國人將會粉身碎骨，他們的肉體只會被我們用來鋪築慶功的大道。

2

法國人很快為自己的驕橫付出了代價。當時英軍的祕密武器是弓箭。這種弓箭名叫「大弓」，射程遠、射速快、精度高，能在 200 公尺的距離內射殺身披鎧甲的騎士。愛德華三世指揮軍隊，故意放慢進攻速度，引誘法軍來攻，等法國鐵騎來到大弓射程內時，他下令發箭，大批的法國騎兵倒下。「法蘭西的驕傲與花朵」被穿甲利箭射成了刺蝟兵團，山谷中堆滿了屍體和死馬。英國人很快控制了戰爭的主動權，並占領了法國的門戶諾曼第。

1346 年，夢想占據整個法國的愛德華三世再次親率弓箭

部隊在諾曼第登陸，並於 7 月占領了法國的康城（Caen），接著奔襲法國首都巴黎。8 月 24 日，英軍和法軍在阿布維爾（Abbeville）以北的克雷西村（Crécy）展開了決定勝負的廝殺。在此戰中，英軍的弓箭再次讓法國人吃夠了苦頭。夜色降臨的時候，腓力六世在 60 名騎士的保護下倉皇撤離。不久，愛德華三世又攻占了法國的港口重鎮加萊（Calais）。加萊的攻陷使得英國在法國獲得了一個良好貿易據點和重要的軍事港口。

1356 年，英國的入侵推進到法國的心臟，進入佩里戈爾（Périgord）、利穆贊（Limousin）和奧弗涅（Auvergne）。歐洲歷史上有名的以英勇善戰聞名於世的英王長子「黑太子」（Edward the Black Prince）在普瓦捷（Poitiers）擊潰法軍，法王約翰二世（John II）和數百名貴族都淪為階下囚，19 歲的太子查理開始監國。

普瓦捷是一個天然資源豐富的省分，有興盛的製造業，如呢絨貿易和金屬製造。而這次的可怕潰敗使普瓦捷的這一切經濟活動都衰落下去，法國瀕於滅亡的邊緣。

此時，法國國內衝突也漸趨激烈。

1358 年 2 月，在巴黎王宮附近的廣場上，3,000 多名武裝起來的巴黎手工業工人，在艾蒂安・馬賽爾（Étienne Marcel）的領導下，闖進王宮。太子的兩名重臣被殺死。查理被迫接受了起義者的要求，再次批准 1357 年的「三月特赦令」

（Great Ordinance of 1357）。不久，查理逃出巴黎來到羅亞爾。之後，他很快調集軍隊北上占領法國北部許多城寨，切斷了為首都巴黎運糧的道路。巴黎處於飢餓的威脅下，羅亞爾與這個王朝第一次結緣。

和這些災難一起「光顧」法國的，還有早在 1347 年就已開始糾纏歐洲的幽靈——黑死病。1348 年開始，本已千瘡百孔的法國也遭到了黑死病的嚴重襲擊：一件首飾換了幾個工匠最後還是半成品；一些案件尚未開審，原告和被告都雙雙死去；新婚夫婦蜜月沒度完就含淚永別。法國陷入空前的恐慌中。

1356 年普瓦捷戰役的失利更使法國農村一片蕭條。讓·德·維埃納（Jean de Vienne）用淒涼的詞句描繪了百年戰爭發生後法國農村的悲慘景象：

> 葡萄園荒蕪了；田地沒有人播種，沒有人耕作；牧場再沒有牛羊的蹤跡；教堂和住宅，經過大火以後，舉目荒涼，成了一堆悲慘而仍在冒煙的廢墟。再也看不到往日歡樂景象。昔日的綠色的牧場，金黃色的田野，如今到處荒草叢生……

兵連禍結，1358 年 5 月，札克雷起義爆發。「札克雷」（Jacquerie），源自 Jacques Bonhomme，意即「鄉巴佬」，是貴族對農民的蔑稱，起義由此得名。窮人們穿上用煮過的皮革臨時製成的甲冑，扛著用大鐮刀和鉤刀鑄成的劍，波威地區（Beauvais）很快成為煉獄。燎原之勢不可擋，在領袖吉約姆·

卡爾（Guillaume Cale）的帶領下，起義席捲法蘭西島（Île-de-France）、香檳（Champagne）、皮卡爾迪（Picardy）等法國北部大部分地區。農民對統治階級的剝削深惡痛絕，提出口號要「消滅一切貴族，一個不留」。

北部城市的貧民也打算建立起自己的隊伍，加入到農民起義的行列。但是城裡的富人害怕城市貧民和農民聯合後，會威脅他們的安全。吉約姆‧卡爾曾竭力設法和艾蒂安‧馬賽爾取得聯繫，派遣代表請求巴黎市民支援。

艾蒂安‧馬賽爾口頭上答應了農民的要求，但實際上卻想借農民的力量打開巴黎運糧的道路。他們派遣一支 300 人的隊伍支援農民，要求起義農民幫助拆毀巴黎附近封建主的碉堡。但當太子查理和約翰二世的女婿納瓦拉（Navarra）國王卡洛斯二世（綽號「惡棍」）的部隊聯合起來進攻農民起義隊伍，吉約姆‧卡爾急需兵力的時候，他卻調回自己的隊伍。6 月，吉約姆‧卡爾被「惡棍」卡洛斯扣押，札克雷起義失敗。

而對於法國王室來講，這次成功不過是午夜裡依稀可見的星光，更大的災難還在後面。1360 年 5 月，法國被迫與英國締結喪權辱國的布勒丁尼條約（Treaty of Brétigny）。為了取贖法王約翰二世，法國付出了慘重的代價，羅亞爾河見證了這一切災難：

羅亞爾河以南到庇里牛斯山的全部領地被割讓給英國，並且向英國繳納了大量的贖金，約翰二世以兩子作為人質提前獲釋歸

國，但是幾個月之後他的一個兒子從英國逃脫，約翰二世為了表示遵守諾言，重返倫敦接受囚禁，1364 年死於英國。

3

1364 年查理太子即位，是為查理五世（Charles V of France），史稱「英明的查理」。他首次使用「多芬」（Dauphin）作為法王長子的稱呼。他在一次朝會上說：

> 現在是讓可惡的英國人屈服的時候了。我發誓帶領我的臣民奪回屬於我們的一切。

為了實現自己的諾言，在黑太子愛德華繼續增稅擴張、英國哀鴻遍野的時候，他利用布勒丁尼條約的喘息時間，勵精圖治，在國內積極推行改革。他謹慎地挑選比較廉潔的官吏，整頓稅收，提高直接稅和間接稅，利用這些稅款進行軍事改革。

1369 年，加斯科涅貴族委派代表到巴黎向國王抱怨黑太子的不公正，查理五世欣然傾聽。

同年，戰爭再起。而形勢已經逆轉。法國的農業和商業已日漸繁榮，國庫殷實了；主帥蓋克蘭（Guesclin）已經重組了軍隊；每一重要的法國城市都築起了城牆、囤積了糧食並派兵員駐守，以抵禦進攻。當黑太子的軍隊入侵法國的省分時，農民們帶著他們的家畜和財產逃進築防的城市。村莊、小村落、

農舍和莊稼有可能被燒毀，但居民是安全的。

考慮到法國的實力，蓋克蘭放棄騎士戰術，避免陣地戰，先讓英軍長驅直入法國，然後據守要塞，挑選精銳，不斷襲擊英軍。法國人民也首次表現出真正的法蘭西民族的民族意識，軍民攜手以不可擋之勢占領了英國人在海峽對岸的全部行省，到 1370 年代末，法國實現了它的夢想，把領土擴展到庇里牛斯山脈。英國殘留的全部法國領土僅有波爾多（Bordeaux）——波爾多的城市及其周圍地區 —— 和加萊，而此時法國還不具備足以獲得這些地區的海上勢力。

1380 年，當查理五世和他的英雄將領蓋克蘭都死去後，百年戰爭的第一階段真正結束。

1380 年，查理六世（Charles VI of France）沖齡即位。他的叔父們乘國王年幼，控制中央政府和王室財產，直到查理六世成年才重新召集其父舊臣輔政，擺脫其叔父的控制。但未隔數年，查理六世在一次巡視中突然瘋病發作，從此政權落入大封建主手中。當時兩大封建主集團爭權奪利：一方的首領為勃艮第公爵，另一方的首領為奧爾良公爵（Duke of Orléans）及其親屬阿馬尼亞克伯爵（Count of Armagnac），史稱「勃艮第派和阿馬尼亞克派之爭」。

1415 年，英王亨利五世（Henry V）趁法國兩大封建派別內訌之際，在諾曼第登陸。

兩個月後，英軍於阿金科特戰役（Battle of Agincourt）中，以一萬名的兵力擊敗了三倍於他的法軍。

　　1419 年 9 月，一場「鴻門宴」在法國上演。照例是鶯歌燕舞，酒到酣處，王太子查理公開指責勃艮第公爵約翰對英國入侵的抵抗不力，約翰不服，兩人發生了爭執。這時，從查理身後跳出一名騎士，利劍一揮，約翰當場倒斃。這件事後，一心復仇的勃艮第派主動與英王亨利五世走到了一起。在勃艮第派的援助下，英軍很快占領法國的北部地區，法國王室不得已搬到羅亞爾，但很快這個美麗的法國南部地區便征服了久居巴黎的王室成員，他們愛上了這個甜美純淨的地區。只是目前法國大勢已去，他們也保不住他們如此摯愛的土地，1420 年 5 月 21 日簽訂的《特魯瓦和約》（*Treaty of Troyes*）宣布法國淪為英法聯合王國的一部分，亨利五世擔任法國攝政王。

　　1422 年，亨利五世和查理六世相繼死去。英國幼主亨利六世（Henry VI）在貝德福德公爵（Duke of Bedford）攝政下，在法國北方宣布為法蘭西國王。逃亡到南方的查理六世之子自然不肯放棄王位。這樣法蘭西便出現了兩個國王：在北部的是英國的亨利六世，在南部的是羅亞爾河希農城堡（Château de Chinon）的查理七世（Charles VII of France）。

　　自從聖雷米吉烏斯（Saint Remigius）為克洛維國王在漢

斯（Reims）洗禮之後，法國就形成了這麼一個傳統：歷代國王都必須在北部的漢斯大教堂行加冕禮後才能成為真正意義上的王。查理七世和法國人民翹首企盼著漢斯的加冕禮。

1428 年，英法戰爭又起，10 月，英軍開始圍攻奧爾良。當時羅亞爾河以北的法國半壁江山，除了奧爾良都淪於英軍鐵蹄之下。奧爾良為通往南方的門戶，一旦失守，別說收復北方，就是南方也有淪陷的危險。因此，保衛奧爾良之戰便成了法國生死存亡的關鍵。此時，一個拯救法國的英雄出現了，她就是被法國人民千古傳頌的奧爾良女孩、羅亞爾的驕傲 —— 聖女貞德（Joan of Arc）。

以上帝之名

1

說到羅亞爾，我們不能不說貞德，奧爾良古香古色的殉難廣場（Place du Martroi）上矗立的是聖女貞德的雕像，梅楊鎮（Meillant）的綠樹碧水中掩映的也是聖女貞德的雕像，這些時時刻刻提醒著我們羅亞爾對這位少女的記憶；說起法國，我們同樣也不能不說貞德，漢斯每年最隆重的節日是聖女節，法國最頻繁上演的歌劇也是《聖女貞德》，這些同樣時時刻刻

地提醒我們，法蘭西對這位戰爭英雄的緬懷。

　　貞德出生於羅亞爾河以北的洛林省（Lorraine）一個名叫棟雷米（Domrémy）的村子。據說棟雷米這個村名是由聖雷米吉烏斯的名字演化而來。聖雷米吉烏斯是個偉大的聖者。當時的法王克洛維是個異教徒，聖雷米吉烏斯真誠的說教最終使他來到天主教堂接受洗禮。洗禮的儀式在漢斯舉行，據說聖雷米吉烏斯跪在上帝面前虔誠祈禱的時候，從教堂外面飛來一隻白鴿，銜著法王受洗的聖水瓶。村子的祖祖輩輩都非常相信這個傳說，村子以聖者之名確認了對王室的忠誠。

　　這一年是 1412 年，法國遭遇了 500 年來最寒冷的冬季。英法戰爭已經進行了 70 多年之久；黑死病肆虐而有無休止之勢；勃艮第派和阿馬尼亞克派之爭白熱化。掙扎於貧窮與疾病中的村人都沒有多餘的精力注意到這個將為他們洗刷恥辱、為棟雷米帶來無盡榮耀的農家女孩的出生。

　　「羅亞爾的驕傲」在苦難和淚水的雕琢中頑強地成長著。

　　1425 年，13 歲的貞德失去了她的兩個哥哥。那個晚上棟雷米的天空看不到星星，全副武裝的勃艮第人闖進棟雷米，村子裡所有的房屋都被點燃，村民的身體上烙下勃艮第人長劍的印痕，勃艮第人的鐵蹄聲和棟雷米人的慘叫聲持續了整整一個晚上。

　　事情過去了，那個晚上卻成為貞德不能忘卻的記憶。

躺在家中花園細密柔軟的草地上，貞德的心裡再也不能平靜。她的耳邊似乎傳來一個聲音，清晰而又遙遠：

貞德，拿起劍來……

貞德覺得那是天使的聲音，是上帝讓她拿出勇氣去拯救法國。就是在這一年，貞德暗暗立了誓言，要像聖凱薩琳（Catherine of Alexandria）一樣，為法蘭西、為上帝的使命終身保持童貞。

1428 年，16 歲的貞德逃離父親為她安排的一場婚姻，坐上馬車離開了棟雷米村。以上帝之名，她向世人宣布她要拯救法國。沒多久，有關上帝使者拯救法國的傳言遍布大西洋西岸。

2

沃庫勒爾城堡（Château de Vaucouleurs）是貞德的第一程。她想透過堡主羅伯特・德・博垂庫爾（Robert de Baudricourt）的推薦去見查理七世。她在給羅伯特的信中寫道：

尊敬的羅伯特・德・博垂庫爾先生：
上帝要求您陪同我去查理王儲住的希農城，面見太子。您難道沒有聽到有預言說：
「法國已經失去一個女人，而將賦予一位來自洛林地區的聖女。」我，貞德就是上帝的使者。上帝讓我來找您。

關於「失去一個女人」的預言有必要解釋一下。這涉及宮廷的一個傳言。當時查理雖然已經登基，還沒有在漢斯加冕。為了降低法國人對查理的信任度，阻止他的加冕，英國人指使王太后也就是查理七世的母親對外界宣布查理是私生子。為了求得一時苟安，王太后背叛了他的兒子。

貞德的第一役是成功的，在沃庫勒爾城堡，她見到了堡主羅伯特：

> 「妳這個小女孩，連怎樣戴頭盔都不知道，怎麼能上戰場呢？」
>
> 「我有決心和勇氣，我能學會戰鬥。」
>
> 「妳一個人怎麼和英國軍隊作戰呢？」
>
> 「我有我的國家和人民，還有國王。我要先解救奧爾良城，然後讓國王正式加冕。」

可能是預言的作用，也可能是貞德的熱情感動了羅伯特和他城堡裡的居民，居民們替她購買了盔甲和戰馬，羅伯特把她護送到了查理七世的面前。聽著羅亞爾河水靜靜流淌，看著希農質樸的紅樓，貞德更加堅定了決心，她要保護這裡的安寧，保護整個法國的安寧。

這時的查理七世剛滿 27 歲，國家大權都還在侍衛長特雷穆瓦耶（Trémoille）和漢斯大主教的手中。他們擔心貞德的到來會挑戰他們在朝中的權勢，所以他們想盡一切辦法阻止這件

事情的發生。他們給國王建議，讓貞德辨認混在大臣中間的國王，以試驗貞德身上上帝賦予的力量。貞德如炬的眼光讓國王和他的大臣們目瞪口呆。

在國王的密室裡，貞德以神聖而堅毅的語氣喚醒國王的信心：

> 「親愛的多芬（Dauphin），我是聖米迦勒的貞德。上帝讓我轉告你，你將在漢斯被奉為國王，你將成為上帝的勇士，法國的國王。」

而這時奧爾良的局勢也更加危險了，一個月前派去解救奧爾良之圍的軍隊剛被英軍殲滅。陷於絕望的查理七世決定同意貞德率領一支軍隊去解救奧爾良之圍，並任命貞德為軍事行動指揮。這個消息傳遍了法國的每個角落，貞德像劑強心針，每個法蘭西人民都為此激情澎湃。

帶著 7,000 多名官兵，貞德只用了 9 天就來到奧爾良。

如果不是戰爭，奧爾良實在是個風景秀麗的好地方，青山、綠水、葡萄園，但現在，這座美麗的城堡已經是一片廢墟。在這片廢墟中的一個臨時防空堡內，貞德與當時的守城主帥迪努瓦（Dunois）終於會面了。在這個出色的軍事指揮家面前貞德大聲宣布：

> 「法蘭西要的是讓敵人聞風喪膽的氣魄而不是謹慎。」

法國軍隊從來沒有像這樣富有激情，從來沒有如此富有戰鬥力。5 月初，英軍所有堡壘被盡數攻破，奧爾良之圍解除。

當貞德騎著白馬走過奧爾良城的時候，人們瘋狂地擁到了馬前，僅僅是為了觸摸一下貞德的盔甲和戰馬。他們極度虔誠地相信貞德就是天主派來的救星。消息傳到希農城，希農城當天晚上徹夜未眠，歡樂的人們紛紛擁上街頭慶祝偉大的勝利。

7 月，當法蘭西的大地上掛滿葡萄的時候，進攻漢斯的號角吹響了，12 天的時間，漢斯結束了英國對之 15 年的奴役史。

1429 年的一個神聖的日子，查理七世在雖歷經劫掠但依然莊嚴、古老、氣派的漢斯大教堂裡舉行了加冕禮。教堂裡響起了歌頌法蘭西的頌歌，貞德手執軍旗，站在查理七世旁邊。此時貞德聲譽日盛，人們懷著崇敬的心情親切地稱她「奧爾良的女兒」。

3

而這個時候，侍衛長特雷穆瓦耶和漢斯大主教的容忍度達到了臨界點，他們對貞德的影響心懷恐懼，一個暗算和出賣貞德的計畫形成了。1430 年，漢斯左側重鎮康比涅（Compiègne）告急，貞德率軍救援。勝敗乃兵家常事，這於聖女也不例外。在一次偷襲中，她失利了，等她撤退回城時城門卻已關閉。她被勃艮第軍俘虜，勃艮第人又以高價把她賣給

英國人。英國人把她押解到魯昂（Rouen），交給異端裁判所審訊。在輪番審訊中，貞德只有幾句話：

> 「我所做的一切都是奉上帝的旨意，要我違背上帝的旨意承
> 認我一直在欺騙人們，那是不可能的，任何人的審判都沒有
> 用，我不可能違背上帝的旨意。」

貞德在黑暗汙穢的地下牢房裡受著牢獄之苦，查理七世卻沉默著，在希農享受「上帝使者」帶給他的榮耀。

最後，貞德以「穿戴男裝」、「妖術惑眾」等莫須有的罪名被判為女坐，處以火刑。1431 年 5 月 30 日，在魯昂廣場上，殘忍的火刑揭掉了法蘭西神話，剝去盔甲和戰袍的貞德在熊熊烈火面前其實就只是一個年輕女孩，一個以上帝之名行愛國心的年輕女孩。在刑架上，她虔誠地撫摸著十字架，最後一次為法蘭西祈禱。這一年的貞德還不滿 20 歲。她的骨灰被撒到塞納河（Seine）中，塞納河水擁著聖者潺潺流動千百年，法蘭西靈魂在烈火中永生。

貞德是犧牲了，但以上帝之名，她喚起的是法國人民最昂揚的民族意識。這種意識持續高漲，人民的抗英鬥志越來越強，形勢大為好轉。勃艮第派眼見英軍形勢不利，決定退出衝突。

1435 年，查理七世和勃艮第締結阿拉斯（Arras）和約。根據和約，勃艮第公爵保有索姆河（Somme）畔所征服的一切

城鎮，免除對法王行臣服禮，保持獨立地位，但承認查理七世為國王。查理七世擺脫勃艮第派的羈絆後，全力與英軍作戰。

1449 年，法軍攻克諾曼第。1450 年 4 月，英軍的援軍在福爾米尼（Formigny）被法軍粉碎。

次年，法軍解放基恩。1453 年 7 月，法軍在卡斯蒂永戰役（Battle of Castillon）中大敗英軍。至此，英國和法國的統治者發起的這場長達 116 年的戰爭結束，英軍被逐出法國，只有加萊仍在英軍手中。

這是一場百年的屠殺遊戲。當高高在上的王公貴族為自己爭得的利益開慶功宴的時候，一些失去家園和親人的無辜者卻在無聲地痛哭。戰爭持續了一百年，哭聲也持續了一百年。英國人走了，留下的是滿目瘡痍的法國：

諾曼第、皮卡爾迪等重要地區的人口大約喪失了 1/3，有的教區空無一人，土地荒蕪；首都巴黎到處都是無人居住的空房，有的甚至成了野狼的巢穴，而 30 萬居民有 8 萬淪為乞丐。

英國也好不到哪去。儘管遠離戰場，但當艱難地爬出百年大戰的邪惡泥潭時，英國人痛苦地發現他們在付出巨大的人力和物力代價之後，不但一無所獲，還把家底也輸光了。

任何時代，戰爭成全的永遠只有統治者，而犧牲的只能是人民。

百年戰爭結束時雙方並沒有締結正式和約，英法兩國仍處

於交戰狀態，但是此後英國忙於國內玫瑰戰爭（Wars of the Roses），法國國王則集中力量與勃艮第公爵爭鬥，雙方既無暇顧及也不願意繼續展開對對方的軍事行動，只是在各自的海岸作些報復性的襲擊。

1456 年，在貞德去世 25 年之後，查理七世已經 51 歲了，他以勝利者的姿態出現在歐洲舞臺上。然而 20 多年來他心裡一直背著一個十字架，那就是貞德的犧牲。在他的安排下，一場為貞德洗刷冤屈的行動開始了，查理七世派了很多教士四處收集材料，尋找證據，訪問了大量證人 —— 在貞德的家鄉棟雷米，在沃庫勒爾，在奧爾良，在漢斯，在魯昂……

此後法國人民每年都以隆重的儀式紀念這位法蘭西少女。400 年後的 1920 年，羅馬梵蒂岡（Vatican）教廷追封貞德為「聖女」。羅亞爾河水養育了聖女貞德，羅亞爾河為整個法國奉獻了一個貞德，然後默默無語。而歷史最終作出了應有的評價。

喧囂帝國

1

戰爭的號角是瓦盧瓦王朝的第一聲啼哭，此後硝煙、鮮血、戰爭如影隨形。百年戰爭是開始，也僅僅是開始，戰場血跡還未乾，新的屠殺又開始了。

1461 年，路易十一（Louis XI）登上王位，以武器和紡織

業起家的都爾（Tours）為美麗的羅亞爾又迎來了一位新主。你無法簡單地定義這位君主：

> 他是偉大的，在他之前我們無法奢談法蘭西 —— 沒有統一的語言、統一的文化，甚至沒有真正意義上的民族意識，是他一生的金戈鐵馬換來了「法蘭西」這三個字的民族意義的生成，然而也正是這位偉大的君主催生了《鐘樓怪人》（*Notre-Dame de Paris*）的悲慘世界。

這是人類歷史發展的悖論，前進總是混雜著鮮血，榮光總是伴隨陣痛。

除了災難，百年戰爭帶來的反應是連鎖性的。在戰爭中，王權明顯衰微，地方貴族趁機興兵作亂企圖使自己的領地擺脫王室而獨立，到查理七世統治時期，法國已經頗有「春秋戰國」之勢。

到路易十一即位時，僧俗兩界諸侯對王權的威脅仍是有增無減，加強中央王權成了新王登基的第一課。1464 年 8 月，路易十一在都爾召集領主會議，企圖平息權貴的不滿，而回應他的卻是一個大釘子：次年 3 月，在勃艮第公爵的支持下，王弟貝里公爵（Duke of Berry）、波旁公爵（Duke of Bourbon）、布列塔尼公爵（Duke of Brittany）、夏洛萊伯爵（Count of Charolais）和迪努瓦等人聯合，以「公益同盟」（League of the Public Weal）的名義向法王發難。

　　這次碰釘堅定了法王以武力統一法國的決心。他對朝臣們說：

> 「假如我增加這些人的年金，允許他們像從前那樣為所欲
> 為，他們就絕不會再想到什麼公益了，除了戰爭，我們別無
> 他法！」

2

　　1465 年 7 月初，「公益同盟」軍開始進攻首都。16日，破碎的果香混跡於屍首的腥臊在巴黎南郊的小鎮蒙萊里（Montlhéry）飄散，這次，雙方勝負參半。10 月，路易十一與「公益同盟」簽定妥協和約，承認地方貴族的既得利益。而次年在王弟貝里公爵的領地諾曼第重兵登陸，宣告了這次妥協的虛假，再次印證了「兵不厭詐」這個亙古不變的真理。1468年，「三級會議」宣布諾曼第為「不可轉讓的國王領地」，於是地方貴族以 1467 年繼位的新任勃艮第公爵「大膽」查理（Charles the Bold）和布列塔尼公爵為首再組聯盟，局勢再度緊張。當時，勃艮第公爵統轄的地域除公爵領地外，還包括法蘭德斯、阿圖瓦、法蘭琪－康堤（Franche-Comté）、布拉邦、那慕爾（Namur）、埃諾（Hainaut）、荷蘭（Hollande）和盧森堡（Luxembourg）等地，儼然形成一個南達瑞士、北至北海的幅員遼闊的勃艮第國家。憑藉 1435 年與法王查理七世

締結的阿拉斯和約，這個國家已為當時大部分的法國人所承認。

勃艮第在百年戰爭中很少受到戰亂摧殘，商路通暢，經濟繁榮，軍隊強大，行政機構也很完善，這位洛泰爾（Lothaire）家族的王公仍竭力擺脫對法國的藩屬地位，重建先祖九世的中部王國。因此，勃艮第國家不僅是法國地方貴族強有力的同盟者，而且是法蘭西地域統一的巨大障礙。

1468 年，路易十一先將西部的布列塔尼公爵擊敗，迫他簽署條約，為把這個公爵的領地併入法國做了準備。接著，法王在東部施展外交手段，煽動根特（Gand）和列日（Liège）反叛勃艮第公爵。「大膽」查理也非等閒之輩，他對此早有戒備，所以迅速平定了暴動，並脅迫遭受屈辱的國王路易十一到列日去。在帕羅納（Parona），國王被扣留，當了俘虜，眼睜睜地看著被自己唆使起來造反的列日人遭到殘酷的懲罰，路易被迫以屈辱的條件換取了自己的自由。

但很快，他就讓「大膽」查理遭遇到了最嚴重的報復。1475 年 8 月，透過外交途徑，路易十一邀請英王愛德華四世（Edward IV）到巴黎吃喝玩樂，賄賂他，並表示只要愛德華四世不與「大膽」查理聯盟，每年會再付更多賄金。這樣一來，「大膽」查理在國際上得不到英國的支持。而這時，「大膽」查理又與德意志皇帝腓特烈三世（Frederick III）失和，並招致亞爾薩斯（Alsace）、洛林公爵的反對，路易十一趁機與瑞

士各州聯盟，誘使「大膽」查理與驃悍的瑞士人交戰，「大膽」查理四面受敵。終於，在南錫之圍（Bataille de Nancy）中查理陣亡，屍體也成為野狼腹中之物。

這樣，路易十一就奇蹟般地擺脫了使他付出高昂代價的對手。他抓住機遇，一鼓作氣，立即入侵勃艮第，並計劃使他的兒子娶「大膽」查理之女瑪麗（Mary）為妻。但是，路易十一的如意算盤落了空。瑪麗嫁給了神聖羅馬帝國皇帝的兒子哈布斯堡王朝（House of Habsburg）的馬克西米利安（Maximilian）。從此，法國的最主要的敵人不再在英吉利海峽彼岸，而在萊茵河彼岸。

除了訴諸武力外，圓滑刁詐而有「慎密者」稱號的路易十一，運用多種手段，堅韌不拔地致力於擴張法蘭西版圖。1472年，王弟查理公爵死，他即索回貝里和吉耶訥（Guyenne）。1473年，阿馬尼亞克伯爵在萊克圖爾（Lectoure）陣亡；1481年，法王將其領地兼併。於是中部和西南幾個大采邑都歸入法國。1480年和1481年，安茹（Anjou）國王勒內（René）及其姪曼恩（Maine）的查理相繼去世，路易十一得到他們的全部遺產。1473年，國王把年僅12歲的長女安妮嫁給波旁公爵彼得。1476年，他又強迫奧爾良公爵路易娶次女讓娜為妻，為合併這些王公的領地作準備。他還安排太子查理與只有3歲的奧地利公主訂婚，以便日後有藉口將

阿圖瓦、法蘭琪－康堤等地作為嫁妝帶到法國來。繼安茹家族之後，路易十一企圖染指納瓦拉和亞拉岡（Aragón），但沒有成功。

路易十一去世時，除了科曼日（Comminges）等小塊領地外，強大的諸侯只剩下中部的奧爾良和波旁兩個家族。

花 116 年的時間掃蕩外患，又花了 30 多年的時間排除內憂，瓦盧瓦人民似乎可以在葡萄架下享受香檳，可以在巴黎街頭展現時尚了，然而統治者又將目光轉向了阿爾卑斯山的另一面，逡巡於那個充滿異域風情的優雅芬芳的義大利。統治者的欲望是無窮的，只是他們不知道人民的血不是流不盡的。

刀光劍影，帝國喧囂著，又準備開始新一輪的征戰。

3

義大利是一個南歐國家，東、南、西三面分別臨地中海的屬海亞得里亞海（Adriatic Sea）、伊奧尼亞海（Ionian Sea）和第勒尼安海（Tyrrhenian Sea），海岸線長約 7,200 多公里。得天獨厚的地理環境使得義大利早早地出現資本主義萌芽，14、15 世紀的義大利已經擁有四通八達的道路，星羅棋布的市鎮、港口，輩出的人文主義學者大師。但是，義大利長期處於分裂狀態，15 世紀形成許多國家，其中較強的有米蘭（Milan）、威尼斯（Venice）、佛羅倫斯（Florence）、那不

勒斯（Naples）和教皇國。他們有不同的同盟關係，國與國彼此敵視，經濟交往不多。在義大利南部，封建土地制度仍占統治地位，農奴剝削還存在。政治上分裂而經濟上富庶的義大利半島吸引了所有人的目光，統治者們把戰爭的炮火對準了這個擁有漫長海岸線、白雪皚皚的阿爾卑斯山、似銀色飄帶的臺伯河（Tiber）的國家。

法國也充當了劊子手，這場屠殺持續了 65 年，經歷四代君主。1480 年，路易十一繼承了安茹國王勒內對那不勒斯的權利，但當時無暇顧及。1494 年 8 月，查理八世（1483 ～ 1498）憑藉一支 6 萬人的步兵，一支堅銳的法國艦隊和 136 門野炮，越過阿爾卑斯山。不到一年的時間，將那不勒斯歸入法國名下。

勝者多驕，法軍在那不勒斯橫徵暴斂，燒殺搶掠，這激起了義大利人民的憤慨。1495 年 3 月，義大利各國首腦害怕法國勢力加強而全面起義，建立了「神聖同盟」以驅逐法軍，參加同盟的有威尼斯、米蘭和羅馬教皇。「神聖羅馬帝國」皇帝馬克西米利安一世和西班牙國王斐迪南二世（Ferdinand II）也加入了同盟。

1495 年 7 月 6 日，法軍在福爾諾沃（Fornovo）與「神聖同盟」軍交戰，遭到失敗，直到 1495 年 10 月才得以突向北方。1496 年 12 月，法軍撤出那不勒斯，逃回本國。

1498 年，新王路易十二（Louis XII）即位，他懷著比查理八世更為遠大的理想繼續奉行先王政策，以維斯孔蒂家族（Visconti）繼承人的名義遠征米蘭公國，兩年後再度奪取那不勒斯。可不久後在加里利亞諾河（Garigliano）畔丟盔棄甲，使得那不勒斯轉入西班牙囊中。路易十二捲入義大利半島的內部爭鬥，衝突蔓延開來。法王與亞拉岡締約共同謀取那不勒斯，但在得手後瓜分戰果的鬥爭中，法軍戰敗。

　　在倫巴底（Lombardy），狡詐的教皇儒略二世（Pope Julius II）唆使路易十二與威尼斯為敵；法軍得勝後，教皇卻號召義大利人驅逐這些「蠻族」。1511 年教皇國、威尼斯、亞拉岡、瑞士和英國共組反法「神聖同盟」。1512 年 4 月，法軍挫敗同盟軍於良十世（Pope Leo X）發出的和平倡議。法國對義大利的侵略又告失敗。

　　十六世紀初，哈布斯堡王朝龐大的查理帝國崛起。那位西班牙國王卡洛斯一世（Carlos I）於 1519 年在競選皇帝的角逐中擊敗法王法蘭索瓦一世（Francis I of France），成為神聖羅馬帝國的皇帝查理五世（Charles V, Holy Roman Emperor）。哈布斯堡家族的帝國領地有西班牙、那不勒斯、法蘭琪－康堤和荷蘭，外加美洲大片的土地，包圍法蘭西王國的領地。此外，查理五世作為勃艮第國家的繼承人，還企圖將阿圖瓦、皮卡爾迪和普羅旺斯（Provence）併入帝國的版圖。

至此，法國對義大利戰爭除了侵略擴張的一面，還兼有維護和完成自身民族統一的性質。衝突四處擴散，義大利戰爭演變成為法國和哈布斯堡王朝爭霸歐洲的鏖戰。

4

1515 年 1 月，非凡的花花公子法蘭索瓦一世（François I）帶著他令人難忘的曠世名言登基：

「王宮裡少了女人，就好比一年中少了春天，而春天又少了玫瑰。」

如同他狂熱地愛美人，他也狂熱地尋求冒險，戰端很快又被挑起。9 月，精於炮戰的法軍在距米蘭 17 公里處的馬里尼亞諾（Marignan）擊敗與米蘭公爵結盟的瑞士軍隊，又奪走米蘭公國。1516 年，法國和瑞士簽署「永久和約」，法王獲得在瑞士招募雇傭軍的權利。同年，法王與教皇達成對法國十分有利的波隆那教務專約。

但法國的優勢並沒有維持很久。1520 年，法蘭索瓦一世在加萊附近設豪華的「金錦營」，隆重接待英王亨利八世，謀求結盟對抗哈布斯堡王朝。但是，英國人仍站在查理五世一方。次年，法國丟失圖爾奈（Tournai）和米蘭公國。

從 1523 年起，戰局對法國更為不利。英軍入侵西北部，陸軍統帥波旁公爵背叛，率軍攻占普羅旺斯。1525 年 2 月，法蘭

索瓦一世在帕維亞（Pavia）大敗於帝國的軍隊，淪為階下囚，王國瀕臨崩潰。

第二年，馬德里（Madrid）和約簽定，法蘭索瓦一世放棄米蘭公國和那不勒斯，還將勃艮第讓與查理五世。

但法王一經獲釋即毀約再戰。為了牽制和瓦解帝國，法蘭索瓦一世在歐洲展開強大的外交攻勢：1526 年，與威尼斯、教皇克萊孟七世（Pope Clement VII）、佛羅倫斯和米蘭組成科涅克同盟（War of the League of Cognac）；1531 年，支持反對查理五世的德意志新教諸侯組成施馬爾卡爾登聯盟（Schmalkaldic League）；1536 年，與蘇丹蘇萊曼二世（Suleiman II）締結「特惠條約」；同時，鼓動北非的阿拉伯人在地中海西海岸奪取城市，劫掠商船，以打擊帝國。

這段時間，戰爭時續時斷，雙方互有勝負。席捲歐洲的宗教改革成為制約衝突的一大因素。1547 年法蘭索瓦一世去世時，法國保住了勃艮第，但被逐出義大利。

1547 年，亨利二世（Henri II）即位。矗立在羅亞爾河支流謝爾河（Cher）上的舍農索城堡迎來了它的第二位女主人，亨利二世的情婦黛安・德・波迪耶（Diane de Poitiers）。從此，一場沒有硝煙的戰爭在後宮如火如荼地展開。

後宮的戰爭沒有煙火，而法國東北部則生靈塗炭。亨利二世一上臺就接過了他父親手中的戰袍繼續和義大利的戰爭。

1552 年梅斯（Metz）、都爾和凡爾登（Verdun）三個主教管轄區戰爭，1557 年聖康坦之戰（Battle of Saint-Quentin），1558 年盧森堡之戰……以法國和帝國為主的交戰雙方誰也不占明顯優勢。1559 年 4 月 3 日，亨利二世與查理五世之子和繼承人締結卡托－康布雷西和約（Peace of Cateau-Cambrésis）。法國雖得以保有上述三個主教管轄區，但不得不放棄對義大利的野心。西班牙在義大利半島的支配地位獲得鞏固。

　　法蘭西四代君主對義大利的侵略以失敗告終。

弦斷音滅

1

　　從腓力六世到亨利三世，鮮血、硝煙、貧窮、疾病滲透在瓦盧瓦王朝的每一個細胞中，10 位國王，230 多年，三場戰爭，一方面是帝國專制的萬丈光芒，另一方面則是哀鴻遍野、餓殍滿地。這是一個用冤魂彈奏王朝盛世音符的時代，而這個時代還將以同樣的步伐繼續。百年戰爭結束了，還有勃艮第的內戰；勃艮第的內戰結束了，還有義大利戰爭；而義大利戰爭結束了呢？宗教戰爭又緊鑼密鼓地開始了，只是當時沒有人知道這已是弦斷前的最後一音。

　　羅亞爾河的清波碧水，照見了一雙雙曾經狂熱的眸子。

早在 14 世紀中期的義大利，就興起的反對宗教神學和封建統治的人文主義運動，這種運動在 16 世紀的法國也掀起了浪潮，路德（Luther）的著作由商人、學生帶過萊茵河來到這個充滿浪漫風情的國家，人文主義大師拉伯雷（Rabelais）的《巨人傳》（*Gargantua and Pantagruel*）一時洛陽紙貴。而宗教改革家約翰・喀爾文（Jean Calvin）的新教義為大批手工業者，尤其是印刷工人、小商人、農民及下層教士接受，成為喀爾文派新教徒，即後來所說的胡格諾教派（Huguenot）。

　　1555 年以後，巴黎、莫城（Meaux）、里昂（Lyon）、奧爾良、魯昂等地的胡格諾派開始組織與原教會分庭抗禮的新教會。為了爭奪政治權利和教會產業，大批王公顯貴和高等法院法官如納瓦拉國王安托萬（Antoine）、孔代親王路易（Louis, Prince of Condé）和海軍上將科利尼（Coligny）等人也紛紛改宗新教，於是在純潔教會的藉口下，新教會成了顯貴們爭權奪利的工具。

　　舊教派則聚集在王室近親吉斯家族（House of Guise）周圍，以吉斯公爵和洛林紅衣主教查理為首形成強大的天主教營壘，對王權有著舉足輕重的影響。在兩派貴族以及外國勢力特別是羅馬教廷的煽動下，新、舊教兩大陣營之間的敵對行動不斷升級。舊教控制區的胡格諾派受到虐待，他們就在自己占優勢的地方實施報復，衝進天主教教堂，毀壞神像和聖物，與舊

教徒爭鬥，大規模的流血衝突勢不可免。

　　1559 年，年僅 15 歲的太子法蘭索瓦二世（Francis II of France）在羅亞爾河的昂布瓦斯城堡繼位，實權落入軍功顯赫的吉斯家族手中。1560 年，在氣勢宏偉的昂布瓦斯城堡裡，幾名陌生的來訪者腳踩香甜的羅亞爾河泥，闖進了點綴著義大利風情的國王寢宮。這是一次胡格諾派貴族為使年幼的國王免受天主教影響而策劃的綁架，但國王的侍衛很快就蜂擁而入。第二天，在城堡的平臺和城堞上橫七豎八地躺滿了大約 1,500 名「謀反者」的屍體。

　　查理九世（Charles IX）（1560～1574）繼位時才 10 歲，由太后麥第奇家族的凱薩琳（Catherine de' Medici）攝政。這位帶著她的香水調配師來到法國、開設了第一家香水店的亨利二世的皇后，出身於義大利赫赫有名的麥第奇家族——一個和哈布斯堡、霍亨斯陶芬（Hohenstaufen）一樣聞名歐洲的名門望族，其祖先就是在法國歷史上頗具傳奇色彩的「喬凡尼」（Giovanni）。佛羅倫斯的統治者、義大利各國政治的風雲人物、曾經出過兩位教皇、不勝數的伯爵公爵，這個家族呈現於世的輝煌讓人目不暇接。至今麥第奇家族禮拜堂還在歷史的滄桑中隱隱地訴說著這段曾經有過的輝煌。這座禮拜堂是佛羅倫斯的文藝復興三巨匠之一米開朗基羅（Michelangelo）受命為這個家族設計建造的。教堂中的一尊朱利亞諾・麥第奇（Giuliano de' Medici）的大理石雕像，還有它旁邊的「晝」、「夜」、「晨」、「暮」四尊雕塑，都是世界雕塑史上的傳世名作。

太后起初想凌駕兩派顯貴之上，在天主教派和胡格諾派之間維持平衡，伺機倚重一方以壓制另一方。1560 年 5 月，凱薩琳啟用主張宗教寬容的米歇爾‧德‧洛皮塔爾（Michel de l'Hôpital）。隨即，王室在他的催促下發布赦令。洛皮塔爾認為「溫和比嚴厲更有益」，他呼籲：

> 讓我們拋棄諸如黨派、亂黨和叛亂、路德派、胡格諾派以及
> 教皇派這些惡意的字眼，只保留基督教徒的稱呼。

1562 年 1 月 17 日，太后頒發赦令，首次給予新教徒白天在城外舉行宗教儀式的自由。

然而吉斯家族並沒有讓太后的如意算盤撥響。3 月 1 日，吉斯公爵率部將突襲在第戎（Dijon）西北 70 公里處的瓦西鎮（Oisy）一個穀倉裡舉行儀式的胡格諾教徒，殺死 25 人，打傷 100 多人。各地天主教徒爭相效仿，都爾、安茹、桑斯（Sens）的大地上很快也染滿了胡格諾教徒的鮮血，死亡的陰影伴隨著古龍水的紫蘇花油香味在法國的上空氤氳不去。在天主教派掌權顯貴的脅迫下，無奈之下的凱薩琳倒向舊教陣營，並與教皇、薩伏依公爵（Duke of Savoy）和西班牙國王締約。胡格諾派顯貴自然也不甘示弱，他們求助於英國和德意志路德派諸侯。很快，莫城的原野上聚滿了來自歐洲不同角落的戰馬盔甲。

「瓦西鎮屠殺案」成為法國新、舊教派全面對抗的信號，宗教戰爭的序幕拉開。

羅亞爾的神經，再度被牽緊。

2

從 1562 年 5 月到 1562 年 12 月的半年間，胡格諾教徒就占領了不少南方城市，但雙方都傷亡慘重：

舊教軍方面，吉斯公爵、聖安德烈元帥（Saint-André）相繼陣亡，將領蒙莫朗西（Montmorency）被俘；新教軍方面，納瓦拉國王安托萬死於魯昂之圍，孔代親王在德勒被俘。

1563 年初，太后凱薩琳出面促成兩派妥協，安排蒙莫朗西和孔代談判，隨即發布昂布瓦斯敕令，給予新教徒信仰自由和在指定地區舉行宗教儀式的自由。戰事終止。

1565 年是胡格諾派不安的一年。在這年 6 月，太后攜幼王查理九世巡行法國時，在貝雲（Bayonne）與西班牙王室進行了一次祕密會談，新教對王室的信任宣告破產。1567 年 9 月 27 日，胡格諾派再次起義，試圖在莫城抓獲王室成員，但未得逞。於是，孔代親王將占領奧爾良等地的新教徒起義者集中起來，進軍巴黎。同年 11 月 10 日，天主教軍隊和胡格諾軍隊在巴黎近郊的聖但尼（Saint-Denis）展開激戰，胡格諾軍隊雖然

在數量上處於劣勢，但經過苦戰守住了陣地。天主教軍隊進攻受挫，蒙莫朗西在戰鬥中負傷，兩天後死去。1568 年 3 月，雙方簽訂了隆瑞莫（Longjumeau）和約，天主教徒被迫對胡格諾派做出更多的讓步。

但天主教徒拒不執行和約，仍與胡格諾教徒發生衝突。凱薩琳解除了洛皮塔爾的職務。而此時太后的愛子安茹公爵又成為舊教派的首領。科利尼和孔代面臨著被捕殺的危險，他們逃到拉羅謝爾（La Rochelle），會合年幼的納瓦拉國王亨利，將南方的胡格諾教徒聚集在一起，組建軍隊和艦隊，在拉羅謝爾設立了堅固的城防。此舉得到英國海上的支持。

1568 年 9 月，王國政府撤銷先前發布的宗教寬容特赦令。次年 3 月，舊教軍擊敗新教軍於安古蘭（Angoulême）附近的雅納克（Jarnac），孔代陣亡。10 月 3 日，接任指揮的科利尼又遭敗績，但他退至朗格多克（Languedoc）後得以重振新教軍。當時，外國雇傭軍和盜匪四處劫掠，國內秩序混亂。王國政府儘管得到羅馬教廷和西班牙的財政援助，仍然難以維持龐大的天主教軍隊。1570 年 8 月 8 日，太后凱薩琳簽署聖日耳曼和平敕令（Peace of Saint-Germain-en-Laye）：除了昂布瓦斯敕令的規定外，新教徒首次獲得由他們自派總督的四個設防安全區。聖日耳曼和平敕令遭到教皇和西班牙國王的譴責。

受到查理九世信賴的科利尼與英國和德意志新教結盟，向

西班牙開戰以奪取富庶的法蘭德斯。這項計畫使太后驚恐不安。她想透過其女瑪格麗特（Marguerite）與納瓦拉國王亨利（新教首領）的婚姻來維持國內和平。但如果僅止於此，這場婚禮尚不足以讓史書大書特書。

1572 年 8 月 18 日，婚禮於是日舉行。從法國各地趕來的新教徒，充滿了巴黎的每個角落。人們在婚禮上狂歡，喝得大醉，然後昏昏睡去。8 月 24 日，是基督教徒一年一度的聖巴多羅買節。就在此時，一個巨大的陰謀被付諸實施了：在凱薩琳太后的策劃和縱容下，以全巴黎的鐘聲齊鳴為信號，舊教徒展開了對城內新教徒的屠殺。一夜之間，巴黎城內血流成河。許多新教的領袖都在當晚被殺死，據統計，此夜巴黎城內的新教徒死亡人數不少於三千。而納瓦拉的亨利卻僥倖得免 —— 他得到了妻子瑪格麗特公主的庇護。但隨後，他不得不放棄自己的新教信仰而改信天主教，並從此被軟禁。這就是「聖巴多羅買之夜」（St. Bartholomew's Day massacre）。

「聖巴多羅買之夜」後，天主教和新教徒之間一場新的戰爭隨之爆發。

胡格諾派在各地進行反擊，並很快控制了法國西南部地區。此間，法國天主教徒中的溫和派登上了政治舞臺，他們極力主張為了民族團結和胡格諾派和解。1573 年戰爭停止。

但這種和平並沒有持續多久。1574 年，法王亨利三世加

冕，天主教徒和新教徒之間的戰火又再次點燃。法國各地相繼發生暴亂，儘管天主教軍隊在吉斯公爵亨利的指揮下在同年 10 月的多爾芒（Dormans）之戰中獲勝，但胡格諾派在各地的零星戰鬥中仍占據優勢。1576 年 5 月 6 日，亨利三世簽署了對胡格諾派十分有利的博利厄（Beaulieu）敕令：它譴責「聖巴多羅買之夜」，給予新教徒在除巴黎之外的法國全境舉行宗教儀式的自由以及擔任公職的權利，准許新教徒占有在政治上、軍事上居於優勢的八個安全城市。

　　博利厄敕令引起天主教派的強烈不滿。在吉斯公爵的鼓動下，他們組織「天主教神聖同盟」，自行徵收捐稅和招募軍隊，要求恢復王國的宗教統一，拒絕執行敕令。12 月，亨利三世在布盧瓦（Blois）召集三級會議。胡格諾派抵制會議，只有天主教派的財政和軍事力量為王權所用。亨利三世宣布自己為天主教同盟的領袖。次年，國王又成功地離間了溫和派和新教派的聯盟。胡格諾教徒遭到重大挫折，一些區域都落入天主教同盟的手中。1577 年 9 月，兩派締結和約，規定解散「天主教同盟」，限制博利厄敕令給予新教徒的自由和權利，他們只能在每個區的一個城市以及自己的安全區內舉行宗教儀式。

3

　　脆弱的和解僅維持了三年。王位繼承問題使宗教衝突形勢

更為複雜。據野史記載，亨利三世有異裝癖且喜歡炫耀，他的身邊總是圍繞著一群被法國人戲稱為「小可愛」的年輕男寵。亨利三世和他的「後宮佳麗」最大的樂趣，就是身著鑲滿蕾絲花邊和豔麗羽毛的盛裝在巴黎招搖過市，他們捲曲的長髮從秀氣的小帽子裡垂落下來，甚是醒目。在節日慶典裡，亨利三世更是精心打扮，身披綾羅綢緞，彷彿一個珠光寶氣的洋娃娃。雖然他也很樂於替自己的妻子路易絲王后（Louise）梳妝打扮，但卻很少和她共枕而眠，因而儘管他多次徒步去夏特（Chartres）朝聖，向聖母瑪利亞祈求一個王位繼承人，但一直未能如願。

1584 年，王弟安茹公爵死後，瓦盧瓦家族絕嗣，信奉新教的波旁家族的納瓦拉國王亨利便成為法國王位最有資格的繼承人。

但是納瓦拉國王的王位繼承還是經歷了一番波折。1585 年，教皇西斯篤五世（Pope Sixtus V）欲將亨利革逐出教門，並宣布剝奪他的王位繼承權。同年得到西班牙國王支持的另一位王位覬覦者吉斯公爵亨利在南錫重組天主教同盟，推年邁的波旁紅衣主教查理為名義上的首領。同盟得到大部分資產階級的支持，巴黎、里昂、波爾多、馬賽（Marseille）、第戎等城市紛紛歸附。亨利三世迫於同盟的威力，撤銷了歷次和解性的敕令。胡格諾教徒既不願皈依舊教，又不想流亡國外，只得在納瓦

拉國王亨利的旗幟下應戰。亨利在蒙托邦（Montauban）召集
國內外的新教派會議，得到了英國和德意志新教諸侯的援助。

1587 年 10 月 20 日，納瓦拉國王麾下的新教軍於庫特拉
（Coutras）擊敗天主教同盟軍。然而吉斯兄弟不久又重創胡
格諾教。1588 年 5 月 18 日，天主教同盟掌握下的巴黎像對待
君主一樣迎接吉斯公爵入城，很快首都築起營壘與充當國王衛
隊的瑞士雇傭軍對抗，包圍王室駐地羅浮宮。亨利三世逃出巴
黎，來到了羅亞爾河右岸的布盧瓦。

布盧瓦是一個盛產葡萄酒、草莓和蘆筍的奇妙城市。從空
中俯瞰，它儼然是一座巨大的半圓形露天劇場。城堡依山而
建，是文藝復興時期建築風格的傑作，是為舉辦大型宮廷招待
會準備的。但它的房間卻因為裡面發生的悲劇而聞名。

12 月 23 日，享利三世僱傭的 20 名殺手在布盧瓦刺殺了
吉斯公爵。臨死前，吉斯公爵憑藉難以置信的力量殺死 4 名凶
手，還刺傷了一人。享利三世從隱身的掛毯後現身，走到公爵
的屍體旁，狠狠踢了一腳，說道，「我的上帝，他可真高大，
他現在好像比活著時還要魁武」。他走到母親凱薩琳·麥第奇
面前，用顫抖的聲音說，「我再沒有夥伴了，巴黎的王死了」。
他消滅了自己最主要的敵人。但凱薩琳的回答十分冷淡，「上
帝不讓你做傀儡國王」。為了徹底掃清稱王的障礙，享利三世
第二天又刺殺了吉斯公爵的兄弟，洛林紅衣主教。

　　這在受天主教控制的巴黎引起了巨大騷動，隨後吉斯家族的馬耶納公爵（Duke of Mayenne）另立傀儡控制了巴黎。亨利三世逃到了納瓦拉的亨利陣營與之結成了同盟，一起向北方進軍。但在第二年 8 月，亨利三世被一名狂熱的天主教分子刺殺，臨死前將王位傳給了納瓦拉的亨利，終年 38 歲，但已經算是他四兄弟中活得最長的一個了。亨利四世（Henri IV）即位，統治法國 261 年的瓦盧瓦王朝被這次暗殺所終結，波旁工朝開始統治法國。

　　但亨利四世得不到天主教會的承認，全國僅有 5 座城市承認他的權威。內戰火焰繼續燃燒。在英軍的幫助下，亨利四世在阿爾克一戰（battle of Arques）中以少勝多，挫敗馬耶納公爵的天主教盟軍，次年 3 月 14 日，又重創馬耶納的軍隊於伊夫里（Ivry）。但是在當時天主教徒占人口總數 90% 的法國，單純的軍事勝利尚不足以為這位胡格諾教徒打開巴黎的大門。在屢攻不克的巴黎城下，亨利四世最終下定決心改宗舊教。據傳，他曾說「為了巴黎而做彌撒是值得的」。亨利四世致函羅馬教廷和巴黎的教會，表示願意接受天主教教義。但教宗額我略十四世（Pope Gregory XIV）仍是將這個反覆無常的異端分子革出教門。

　　政局變得異常混亂複雜。1590 年 5 月 9 日，天主教同盟的「國王」波旁紅衣主教去世。1591 年，西班牙人屯兵巴黎。同

年，馬耶納公爵與首都的「十六區聯合委員會」發生內訌，委員會中的 4 名成員被吊死。1592 年 6 月，馬耶納公爵召集三級會議，意在使自己登上王位；但天主教同盟支持西班牙國王之女伊莎貝爾（Isabel）為君主，引起了法國民族情緒高漲。此外，人民對曠日持久的宗教戰爭越來越厭倦，一些主張教派和解的中間勢力結為「政治派」也在加緊活動。部分天主教僧俗顯貴則開始向法蘭西的合法君主靠攏。正是在這樣的情勢下，1593 年 7 月 25 日，亨利四世在聖但尼大教堂（Basilica of Saint-Denis）宣布放棄新教信仰，布爾日（Bourges）的大主教主持了莊嚴的皈依宣誓。

2 月 25 日，法王在夏特加冕。3 月 22 日，巴黎隆重迎接亨利四世入城，當晚，西班牙駐軍不得不撤離法國首都。1593年至 1594 年間，各地紛紛歸附。1595 年初，巴黎高等法院勒令耶穌會修士離開法國。法王向仍在抗拒王權、或處於西班牙軍隊占領下的地區發起進攻。同年 6 月 5 日，王軍獲得重大勝利，並攻入法蘭琪－康堤。1596 年 1 月，馬耶納公爵降服。1597 年 3 月，從南部荷蘭入侵的西班牙軍隊占領皮卡爾迪的首府亞眠，直逼巴黎。法王率軍應戰，9 月收復該城。此時，西班牙國內爆發經濟危機，對外戰爭又頻頻失利，國王菲利普二世（Philip II of Spain）被迫於 1598 年 5 月 2 日與亨利四世在韋爾萬（Vervins）議和，雙方重申宗教戰爭前的卡托－康布雷西

和約。

　稍前，亨利四世或以武力威脅或以優禮相待，逼迫、誘惑天主教同盟其他對手息兵求和的策略也取得成效。1598年3月，占據布列塔尼的梅爾克爾公爵最終也歸順。

　1598年4月13日，亨利四世莊嚴地宣布了南特敕令（Edict of Nantes），從而使法國的新舊教派全面和解。這樣，持續了36年的宗教戰爭結束。

　這場以新舊教派為名的鬥爭，實際上是不同貴族黨派控制下的權力之爭，它反映了這樣一個事實，法蘭西的王權尚未最終確立。36年，起起落落近十次的戰爭，其後果就是哀鴻遍野，民不聊生。

　歷史前進的滾滾車輪總是碾著血跡，王朝的榮光總是伴隨陣痛，羅亞爾河泥香混合著血腥的歷史不會被抹滅。一個王朝結束，另一個王朝開始，而羅亞爾河依然以它的方式默默流淌。

《羅亞爾河：冤魂彈就盛世之音》大事記

英法百年戰爭：

1066 年：威廉一世征服英格蘭。

1328 年：瓦盧瓦王朝開始。

1337 年：百年戰爭爆發。

1346 年：英王愛德華三世率軍登陸諾曼第。

1356 年：英軍推進到佩里戈爾、利穆贊和奧弗涅，並在普瓦捷擊潰法軍。

1358 年：巴黎手工業工人起義。

1360 年：法國被迫同英國締結《布勒丁尼條約》。

1364 年：查理五世登上法國王位。

1369 年：英法戰爭再度爆發。

1380 年：查理五世去世，法國已經取得勝利，百年戰爭第一階段結束。

1415 年：英王亨利五世率軍在諾曼第登陸，取得阿金科特戰役的勝利。

1419 年：法國王太子查理殺死勃艮第公爵約翰，勃艮第為復仇開始支持亨利五世。

1420 年：英法簽訂《特魯瓦和約》，法國淪為英法聯合王國的一部分，亨利五世擔任法國攝政王。

1422 年：亨利五世和查理六世相繼去世，法國出現兩個國王：亨利六世和查理七世。

1428 年：英法戰爭第三次爆發，英軍包圍奧爾良。同年，聖女貞德率軍解除奧爾良之圍。

1430 年：貞德救援康比涅之急失利被俘。

1431 年：貞德被處死。

1435 年：查理七世和勃艮第締結《阿拉斯和約》，擺脫了勃艮第的羈絆，開始全力與英軍作戰。

1449 年：法軍攻克諾曼第，1450 年，在福爾米尼擊敗英援軍，1451 年，解放基恩。

1453 年：法軍在卡斯蒂永戰役大敗英軍，百年戰爭結束，英軍被逐出法國。

勃艮第內戰：

1461 年：路易十一登上法國王位。

1464 年：路易十一在都爾召開領主會議，企圖緩解地方勢力膨脹對王權帶來的威脅。

1465 年：勃艮第公爵聯合各地方勢力組成「公益同盟」軍向首都發起進攻。同年，路易十一與「公益同盟」簽定妥協和約，承認地方貴族的既得利益。

1466 年：路易十一撕毀和約進攻諾曼第的王弟貝里公爵。

1468 年：三級會議宣布諾曼第為「不可轉讓的國王領地」。同年，新任勃艮第公爵與各地方勢力再組聯盟，局勢再度緊張。

1475 年：勃艮第失去英國的支持，又同德意志失和，並招致亞爾薩斯和洛林公爵的反對，路易十一趁機煽動瑞士人與勃艮第開戰，四面受敵的勃艮第公爵終於在南錫之戰中陣亡。

義大利戰爭：

1483 年：路易十一去世，查理八世即位。

1494 年：查理八世占領義大利屬地那不勒斯。

1495 年：義大利各國組成「神聖同盟」與法軍交戰。

1496 年：法軍撤出那不勒斯。

1498 年：路易十二即位。

1500 年：路易十二再度奪取那不勒斯，後又失去。

1511 年：義大利及歐洲各國再度組成反法「神聖同盟」。

1514 年：路易十二被迫接受和平倡議，法國對義大利的侵略再次宣告失敗。

1515 年：法蘭索瓦一世即位，再度挑起戰端，占領米蘭公國。

1521 年：法國丟失米蘭公國，在戰爭中陷入被動。

1525 年：法蘭索瓦一世在帕維亞戰敗被俘。

1526 年：《馬德里和約》簽定，法蘭索瓦一世獲釋，回國後又陸續發動多次戰爭。

1547 年：法蘭索瓦一世去世，亨利二世即位，與義大利的戰爭依然持續。

1559 年：亨利二世簽定《卡托－康布雷奇和約》，法蘭西四代君主對義大利的侵略終告失敗。

宗教戰爭：

1562 年：「瓦西鎮屠殺案」拉開了法國宗教戰爭的序幕。

1563 年：處於攝政地位的太后凱薩琳促成新舊教派的和解，戰事終止。

1567 年：新教派再次發動戰爭，與舊派軍在巴黎近郊展開激戰。

1568 年：新舊教派簽訂《隆瑞莫和約》，舊教派被迫作出讓步。

1569 年：舊教軍贏得雅納克戰役的勝利，但王國財政已經難以維持龐大的舊教軍隊。

1570 年：太后凱薩琳簽署「聖日耳曼和平敕令」，新教徒獲得由他們自派總督的四個設防安全區。

1572 年：「聖巴多羅買之夜」新教徒被大量屠殺，戰爭再次升級，後因舊教溫和派掌權，新舊教派再次和解。

1574 年：亨利三世即位，戰火再起。

1576 年：亨利三世簽署有利於新教派的「博利厄敕令」，舊教派組織「天主教神聖同盟」拒絕執行敕令。

1577 年：兩派締結和約，解散「天主教神聖同盟」，限制「博利厄敕令」給予新教徒的自由和權利。

1589 年：亨利三世遇刺身亡，亨利四世即位。瓦盧瓦王朝結束，波旁王朝開始。

1598 年：亨利四世簽署「南特敕令」，新舊教派全面和解，宗教戰爭結束。

凡爾賽宮：太陽王的皇城

1607 年，王室還在聖日耳曼。就在這一年的 8 月，皇城到處都在謠傳已有一個老嫗因患瘟疫而死。這只是個傳聞，然而卻是這個傳聞開始了凡爾賽的歷史。

為免他的兒子染病，亨利四世下旨令所有孩子火速動身前往努瓦西（Noisy）。努瓦西是個小村落，緊靠著馬爾利（Marly）森林，它居高臨下，可以俯視整個聖西爾（Saint-Cyr）平原。那時王太子才 6 歲，聰明卻任性。到努瓦西的第二天，天剛破曉他就讓人帶他到樹林裡抓麻雀，伯勞撲向麻雀那瞬間產生的愉悅，大概是他這一生都難以忘懷的美好體驗。但他當然不會想到，這種樹林裡的角逐遊戲，後來會因為波旁王朝的君主們對狩獵的熱衷而畸形發展。

17 年後的春天，已是路易十三（Louis XIII）的王太子在這個小小的村落建造了一座狩獵莊園，面積小，樣式老套，這就是被路易十四（Louis XIV）的建築師戲稱為「紙牌屋」的凡爾賽的前身。

路易十三死後，他的兒子路易十四決定把這座「紙牌屋」建成富麗堂皇的宮殿。於是，17 世紀結束之前，狩獵莊園周圍的沼澤、林地和小市鎮的繼承人，都不得不屈從於法國建築史上最豪奢的決定：法國王室來到凡爾賽宮殿。美輪美奐的花園、高大雄偉的城堡、駭人聽聞的奢侈、震懾歐洲的力量，小村落成了太陽王的皇城。

從此，凡爾賽在法國歷史上濃墨重彩地畫上了一筆。

從路易十四到路易十六，凡爾賽見證了法國古典主義（Classicism）的興盛和結束；1789 年，憤怒的巴黎市民占領凡爾賽，法國大革命（French Revolution）拉開序幕；1871年，法德停戰協議在凡爾賽簽署，俾斯麥（Bismarck）在鏡廳宣布德意志帝國誕生；同年，梯也爾（Thiers）政府盤踞凡爾賽，策劃了鎮壓巴黎公社的血腥計畫；1871 ～ 1878 年，法國國民議會設在凡爾賽；1875 年，法蘭西共和國在凡爾賽宣告成立；1919 年，《凡爾賽和約》（*Treaty of Versailles*）在這裡簽署，第一次世界大戰結束。

如今，古老的凡爾賽宮牆上歷史的痕跡已經斑駁，然而，穿行於滿地碎石和粗沙礫的後花園小徑，觸摸著「晚會套房」大廳牆壁上那些神祕而有意味的希臘諸神，我們發現這麼多年的風雨滄桑絲毫塵障不了太陽王的光芒，隨手拾掇起的還是太陽王路易十四那段神奇悠遠的歲月。

想來，凡爾賽其實只是路易十四一個人的，這裡的一磚一瓦，一草一木不過是太陽王榮光與夢想的詮釋。可能任何皇宮的建築師與藝術家們扮演的從來都只是一個工匠的角色；他們只是在用自己的畫筆，實現一個國王的構思和個人的美夢，滿足一個皇宮裝飾性的氣派和風格。

以一人之身創造波旁王朝 70 多年的神話，對於這個君主，除了他自己所自稱的「太陽王」，我們沒有更好的詞可以形容他；對於法國的這一段過往，驚嘆是我們唯一所能做的。眾星拱月，光芒萬丈，法國的王，路易十四的法國。

地平線下・上帝・紅衣主教

1

　　1637 年，路易十三頻繁出宮狩獵，為了遠離他那漂亮的王后──奧地利公主安妮（Anne of Austria）給他惹出的麻煩。

　　安妮公主是西班牙國王菲利普四世的妹妹，這位西班牙國王參與了反對安妮的丈夫──路易十三的戰爭，公主因此被指控犯下了密謀反對法國王室的罪行。

　　這一年 8 月 13 日，路易十三的大臣黎希留（Richelieu）舉行了一次審訊，這次審訊後來被稱為「西班牙信箋事件」。一開始，安妮矢口否認，但未經世故的王后是一個虔誠的教徒，最終她沒能堅持下來。

　　安妮已經與路易十三結婚 23 年了，但是一直沒能生下法國王位的繼承人。為此，她曾向上帝許願：

　　「如果祢賜給法國一位繼承人，我將為祢修建一座金碧輝煌的教堂。」

但那次審訊之後，她已經徹底失寵。

或許她的虔誠真感動了上蒼，路易十三竟被一場大雨帶入王后的寢宮。

那天，國王趕往巴黎近郊的聖日耳曼昂萊城堡（Château de Saint-Germain-en-Laye），卻在聖安托萬（Saint-Antoine）郊外遭遇大雨無法繼續前行，只好前往羅浮宮。由於沒有預先通知，國王的房間沒有準備好，而上帝已經安排安妮公主在那裡等候。據說那晚王后房間裡的燈亮了一夜，直到次日凌晨才熄滅。

九個月之後，即 1638 年 9 月 5 日，在聖日耳曼，整個法國迎來了上帝賜予的小路易，他就是後來的路易十四。誰也沒有想到，一場突如其來的大雨，成就了奧地利公主安妮的願望，成就了法國歷史的輝煌。

安妮公主為路易十四的降生而修建的教堂擁有大量雕塑。很顯然，這是她獻給上帝的禮物。她的虔誠可能感動了上天，路易十四用一系列史績證明，他是法國歷史上最偉大的君主……

教堂裡有一尊雕像，描繪了基督耶穌的誕生；事實上整個教堂中的裝飾都以基督和路易十四的誕生為主題。圓屋頂是一幅精美的宗教畫，畫中王后在向上帝還願，她用雙手虔誠地托著教堂，感謝坐在雲端的上帝賜予她小路易；聖母瑪利亞則是她向上帝還願的中間人，是路易十四降生的見證人。為慶祝繼

承人的降生，路易十三立誓要為聖母瑪利亞裝修巴黎聖母院；可直到 60 年後，這個誓言才由他的兒子路易十四兌現。不管在什麼時代，王室家庭的幸福總是轉瞬即逝。1643 年，42 歲的路易十三在聖日耳曼昂萊城堡過早地離開人世。不足 5 歲的小路易登上法國王位。

2

這位小國王的開始並不順利。路易十三死後沒多久，巴黎高等法院就宣布其遺囑無效，取消攝政委員會，授予王后安妮以全權，安妮啟用紅衣主教馬薩林（Mazarin）為首相。國家實權於是盡數落入馬薩林的手中。

巴黎人一直都很憎恨馬薩林。首先，他是個外國人，一個外國人插手法國實在是件令人懊喪的事。其次，他很貪婪。從富裕的義大利來的時候他背了一身賭債，但臨死時卻留下 2 億里弗爾（Livre）的巨資 —— 相當於今天的 20 多億法郎（Franc）！有過這樣一個傳說：一天，年輕的國王從財政總監那裡收到用來施捨的一百金路易（Louis d'ors），馬薩林便從國王手裡拿過來，放入自己的口袋，一個埃居（Écu）也沒留下。

就是這個紅衣主教，掌握了法國政權 30 年之久。執政期間，他對內加強中央集權，整頓吏治，推行重商主義政策；對

外與奧地利的哈布斯堡王朝對抗，1648 年簽訂的《西伐利亞和約》（*Peace of Westphalia*）結束了長達 30 年的戰爭，法國在歐洲的優勢地位從此確立。

但馬薩林的雄心並不止於此，不久他又開始了與西班牙的戰爭。

法國雖然得天獨厚，各種自然資源都非常豐富，卻也經不起長期對外擴張的折騰。這個國家的財政在這個時候已經異常困難，政府於是決定強行徵集賦稅。

1648 年 5 月，巴黎高等法院出面干預這個決定，並以整肅政府為名，提出 27 項改革要求，「高等法院福隆德運動」拉開序幕。「福隆德」（Fronde）在當時是一種當局禁止使用的投石器，所以這場運動又被稱為「投石黨之亂」（The Fronde）。同年 8 月，法院的頭面人物皮埃爾‧布魯塞爾被逮捕。

皮埃爾‧布魯塞爾在巴黎人心目中可是個正直的老頭，他以主張免稅聞名巴黎。更有傳說他生活簡樸，樂善好施，乃至經常請區內的窮人吃飯。

他的被捕激起了巴黎人民的怒火，人們潮水般擁向王宮，巴黎市區關卡林立。議員們和帝國的各王子也由此找到藉口，試圖讓國王脫離西班牙母親和義大利教父的影響。紅衣大主教馬薩林有鑒於局勢危險，勸說王室成員前往聖日耳曼昂萊城堡避難。

年幼的國王在這處避難所感到非常安全，他發現自己喜歡上了這個地方。他在這個城堡出生，也在這裡受洗長大。城堡滿載著歷史，時刻讓他追憶起眾多傑出的君王，而他自己也將成為其中的一員。路易十四重新登上王位後，依舊戀戀不忘聖日耳曼昂萊城堡。他在這裡大興土木，甚至種植了一片有著 550 萬棵樹的森林。這處森林後來進一步激發了他對狩獵的熱情。

就在 1649 年這段流亡歲月裡，這位和他的波旁祖先一樣熱衷於狩獵的年幼國王第一次來到凡爾賽。這個時候的凡爾賽還很不起眼，但國王對這個方寸之地的熱情卻絲毫不亞於對生養他的聖日耳曼昂萊城堡。小小的他隱約地覺得，這個父親曾經無比摯愛的地方與他有著不解之緣。也在這段流亡的歲月裡，路易十四對前途一片茫然，他經常想起自己幾乎一無所知的父親。六年前，父親死於此地，留給他一個支離破碎的王國，以及陷落在議會和「投石黨」手裡的首都。這些屈辱使這個 11 歲的小國王下定決心強化法國的王權。然而他還得等。

3

1651 年，路易十四 13 歲，在法律上已經成年。攝政王朝時代結束。第二年，蒂雷納（Turenne）元帥剷除了「投石黨」的叛亂，王室成員得以重返首都，重回羅浮宮。凡爾賽似乎離王室遠了一步，而事實上，這不過是為它靠近歷史舞臺埋下的

絕妙的伏筆，路易十四羅浮宮政權的重掌，才使得凡爾賽切近
法國歷史成為可能。

國王將杜樂麗宮（Tuileries）作為自己的宮殿。這座從凱
薩琳‧德‧麥第奇時期就開始興建一直到亨利四世時期才完成
的宮殿，在 1871 年巴黎公社革命時期被付之一炬，古老的宮殿
被摧毀，連石頭都被賣掉了。因而關於杜樂麗的情狀只能從史
書的爬梳中獲得一鱗半爪：據記載，杜樂麗宮正對著一輪落日，
這是著名的園林設計師安德烈‧勒諾特爾（André Le Nôtre）
應國王的特別要求設計的。

沒多久，巴黎人民發動了一次武裝起義。為緩解矛盾，在
文生‧德‧保祿（Vincent de Paul）的影響下，路易十四決定
將一個小型兵工廠改建成一所貧民醫院。這是路易十四的偉大
舉措之一 —— 建立法國的第一所市民綜合醫院。這家醫院不僅
為巴黎的貧苦大眾提供基本的醫療服務，而且還提供一定的社
會救濟。人們的悲慘境遇有所緩解，那些無家可歸、沿街行乞
的窮人也被安置在這家醫院裡。

但是路易十四的高尚之舉，並未能讓他本人免受疾病的困
擾。1658 年 7 月，他染上了傷寒症，大半個月一直徘徊在死亡
邊緣。在短短十天之內，醫生幫他放了 8 次血，進行了 5 次腸
道清洗，8 次灌腸，有一次還灌了銻。意外的是，國王的這次病
痛竟直接影響到了當時的醫學界。在此之前，外科醫生一度由

理髮師來充當，甚至被視為下等公民，地位明顯低於其他科類的醫生。正是從路易十四的這次傷寒起，這種狀況發生了明顯的變化，並最終催生了法國第一所外科醫學院的建立。

當路易十四重新登上王位時，他已經是個 20 歲的年輕人了。奧爾良公爵加斯東（Gaston）的女兒為他畫了一幅肖像，據當時的人講，這幅肖像相當逼真：

他的身材和他的出身一樣顯得比旁人高大。他彬彬有禮，氣質高雅，性格堅毅，很討人喜歡。他頭髮的色澤、顏色以及捲曲的方式，都讓他看起來極為英俊。他給人的整體印象就是：他是這個王國裡最勻稱、最俊美的男子。

但是，法國依舊戰火連連。為了與西班牙求和，他的母親安妮公主以及教父紅衣主教都建議他與自己的表妹、西班牙瑪麗·泰蕾莎公主（Maria Theresa of Spain）完婚。

1660 年 6 月 9 日，他們在聖讓德呂茲（Saint-Jean-de-Luz）舉行了盛大的王室婚禮。婚禮的儀仗隊從國王的行宮一直步行到教堂，大紅波斯長絨地毯鋪了一路，兩旁無數花環把金色和白色柱子連接成一道彩色長廊。與令人難忘的婚禮相伴的是與西班牙戰爭的終結。

1661 年 3 月 8 日晚，馬薩林去逝。經過十幾年的等待，路易十四終於可以重拾 11 歲那年的雄心。地平線上，太陽的光芒即將衝決而出，照徹大西洋東岸；凡爾賽踏入法國的歷史也將來臨。

旋轉木馬・太陽的化身・愛情

1

1661 年 3 月 9 日，天剛矇矇亮，路易十四就召集了政務會的全體成員，告知他們，他已經決定自己來做國家的首腦，自己管理朝政。在簡短的召見中，路易十四解散了自己的顧問團。他簡單地告訴那些人：

「一旦我需要你們的建議，我會召見你們的。」

心存疑惑的大臣們一時還無法回過神來，他們高聲宣揚，國王的做法只是星星之火，無法燎原。但他們完全沒有料到，這團星星之火將照亮整個歐洲，並熊熊燃燒 54 年之久。

路易十四開始了他的集權計畫。先是財政總管富凱（Fouquet）。

富凱為人精明能幹，為了滿足個人私欲，他將國家財產攬為己有。位居其下的大臣柯爾貝（Colbert）對上司的寶座早就覬覦不已，他將富凱的所作所為告訴了路易十四。為了證實消息的可靠性，國王接受富凱的邀請，前去參加他的新城堡落成大典。

富凱原本希望透過此舉討好國王，從而逃脫柯爾貝設下的陷阱，但不幸的是，國王從此冷落了他。

富凱的城堡是名副其實的建築珍品，整個工程在建築師、裝飾家和園林設計師的督建下，由一萬八千人晝夜不停打造了五年多才完成。

　　園林設計師勒諾特爾是個有趣而率性的人。有一次羅馬教皇依諾增爵十一世（Pope Innocent XI）把他召去，並熱情地招待他，他非常高興，於是把凡爾賽宮的圖樣獻給了教皇。他說：「我看到了世界上兩個最偉大的人物，教皇陛下和我的主公國王，我將死而無憾啦。」教皇謙恭地回答說：「大不一樣啊！國王是無往而不勝的君主，我是個可憐的神父；他年紀輕輕，我年老垂暮。」「不，不，我尊敬的神父，」勒諾特爾深受感動，果敢地反駁說，「您身體很好嘛！紅衣主教團的人都入土後，您才會歸天吶。」當然，這種預言使紅衣主教們感到很不是滋味，但依諾增爵十一世聽後卻笑了起來。勒諾特爾於是興沖沖地跳起來，摟著教皇的脖子，由衷地親吻他。

　　這件事傳到凡爾賽宮後，一位公爵用一千路易做賭注，說這純粹是說大話，花匠雖說活潑，也不至於去擁抱教皇。然而國王卻說：「不用去打賭啦，我出征歸來的時候勒諾特爾就擁抱過我，他一定會去擁抱教皇的。」

　　而這位有趣的人的傑作在當時的國王眼裡可不那麼討好。

　　落成大典中，路易十四驚奇地發現，這才是一個真正的宮殿。他目光所及，均是最高昂的物品，最高雅的藝術。富麗堂

皇的裝飾，獨具匠心的花園……在那裡看到的每一處都讓國王的心裡燃起無名怒火，因為這裡的一切都勝過他的皇宮。

為了迎接國王大駕光臨，富凱特意邀請了近 3,000 名客人，其中有 100 位客人面前擺放的是純金餐具。它們看上去就像是路易十四前不久剛剛融化用來償還戰爭賠款的那些金子！

接下來是奢華的晚宴。花園裡點燃了由眾多男僕運來的 1,000 支火炬。璀璨的煙火在夜空中閃耀了好幾分鐘，將地面照得如同白晝。奢華的排場大大激怒了國王。兩週後，也就是 1661 年 9 月 5 日，路易十四在自己 23 歲生日這天下令逮捕富凱。

1662 年 6 月 6 日，富凱被捕後不到一年，就在今天遊人如織的地方，杜樂麗宮中迴蕩起從旋轉木馬處傳來的號角聲。這個儀式就是極具象徵意義的騎士遊行。他們像眾星一樣圍著太陽旋轉。

帝國的達官顯貴都參加了這一儀式，以表明對國王的忠誠。路易十四後來告訴自己的兒子：

「就是從那時起，我成為了太陽的化身，而對於一個偉大的
帝王來說，太陽無疑是最適當的形象。」

2

事實上，富凱事件只是中央集權的一個開始。在接下來漫長的幾十年裡，路易十四一直在實踐著他旋轉木馬的儀式性宣言：

著手打擊高等法院的勢力，流放一些手握重權的法官。據記載，國王還親自去過法院，撕毀了投石黨的議事記錄，並宣告他的那句名言：「朕即國家」。從此，巴黎高等法院失去了對國王敕令提出異議的權力，只有著記載敕令的作用。

奪走一切中間機構、傳統的權力機構的實權，諸如三級會議、市政府、教士會議等等。高級法官和教士們被撇在一邊，失去往日的威風。

恢復直接向各部派遣司法、治安和財政監督官的制度，這些監督官員是國王意志的傳達者，完全聽命於國王。

在中產階級中選擇國王的親信大臣，如負責財政、海軍和經濟的柯爾貝，負責陸軍的勒泰利埃（Le Tellier）、魯弗魯瓦（Rouvroy）和沃邦（Vauban），以及負責外交的利奧納和邦本。

親自主持國務會議，直接聽取各大臣的報告，然後單獨決定一切重要事情。這些大臣雖然官重身顯，但在路易十四的眼裡，他們只是執行國王意志的工具。

解除貴族的地方長官權利，將他們變成宮廷的成員。宮中的晚宴、楓丹白露（Fontainebleau）的狩獵、高品質的服裝、宜人的香水幾乎就是當時貴族生活的全部。他們表面上受到路易十四的尊重，而實際上都已經被排除在政治生活之外。那個時候，貴族們的奢侈是嚇人的。據說，他們使用的大部分布料都是從義大利進口，而各種絲綢製品和蕾絲花邊則從威尼斯和荷蘭運來。當時花在服裝上的款項足以導致無法預知的經濟危機。而這一切全仰仗國王恩賜，他們在這個金碧輝煌的宮殿裡其實負債累累。

這就是法國的王，這就是路易十四，無論歷史怎樣評論他，但作為人，在宣稱「朕即國家」時的那種霸氣與豪氣，在明槍暗箭中的那種執著與無畏，我們還是只能驚嘆。

3

杜樂麗宮的旋轉木馬不僅極具政治象徵意義，它在情感方面也有著很大的價值：太陽王一生主要的情感經歷都發生在杜樂麗宮當政時期，而他在他的情感關係中，也一如在政治關係中，絕對的自我中心，絕對的霸氣。更為有意思的是，杜樂麗宮中的情事與凡爾賽有千絲萬縷的聯繫，並推動凡爾賽的歷史。

路易十四婚後不到一年，就經人介紹認識了露易絲・德・拉瓦利埃爾（Louise de La Vallière），一個 17 歲的漂亮女

孩。路易十四與她一見鍾情！接下來的歲月裡，國王和他這位情婦就有了經常性的幽期祕約。國王忘不了凡爾賽在他的流亡歲月時帶給他的美好回憶，於是，他決定改建父親留給他的「紙牌屋」，作為他和拉瓦利埃爾約會的場所。小狩獵莊南北兩端於是有了新的建築，即現在我們看到的南宮和北宮，南北宮與正宮兩端銜接，形成對稱的幾何圖案。

1664 年 5 月 6 日，為了取悅拉瓦利埃爾小姐和數百名賓客，路易十四在凡爾賽舉行了盛大的宴會。300 年後，這裡每年都會舉辦慶祝活動來紀念這次盛宴 —— 即所謂的「夢幻島盛宴」。在這次令人難忘的宴會上，特殊的舞蹈者路易十四以太陽的形象出現在舞臺上，配合著盧利（Lully）的音樂翩翩起舞，他的情婦非常開心。

國王邀請了 600 多位賓客。他為來賓準備了豐盛的晚宴。僕人們都像在表演芭蕾舞：48 位侍者頭頂大托盤，裡面盛滿了蜜餞、水果以及各種野味；烹飪大師們表現了高超的技藝：他們獻上了精美的糖果，晶瑩的果醬，新鮮的水果，以及剛傳到王宮的新口味 —— 巧克力。巧克力的流行就始於這個時候。

其實，早在 7 世紀，馬雅人（Maya）就開始用可可豆製成飲料，在宗教儀式中使用，當時叫做「Xocoati」或「chacauhaa」。馬雅帝國崩潰後，托爾特克人（Toltec）繼續培植可可樹，並稱之為「天堂之樹」，而可可豆也成為一種貨幣單位，

適用於整個中美洲。1519 年，西班牙征服者將可可豆及其烹調方法帶回歐洲。來自大洋彼岸的這種具有宗教神祕色彩的食品在當時可謂稀罕，王室緊緊地守著這個香濃的祕密，直到 1660 年。任何熟悉巧克力的人都知道瑪麗‧泰蕾莎公主對巧克力的鍾愛，據說她嫁給路易十四的時候就是以巧克力作為定情禮物，她甚至曾經宣稱：

「我平生有兩項最愛：路易十四國王，還有巧克力。」

這位西班牙公主用巧克力向路易國王傳達她的愛意，而頗具諷刺的是，這種意味深刻的食品如今卻被她的情人用來取悅另外一個女人。有的時候事情就是這麼荒誕。

但不管怎麼樣，可可見證了這位 17 歲的姑娘曾經擁有過的輝煌與幸福！

有的時候幸與不幸就是一回事。拉瓦利埃爾只是個隨侍公主的女官，可以想見和太陽王的愛情帶給了她怎樣的折磨。王后憎恨她，公主厭惡她，意料之外的情敵嫉妒她。據說，為了掩飾生了孩子，這位公主的隨侍分娩後僅僅休息了幾個小時便下床，從頭到腳裝扮好，參加當天的宮廷晚會。

不幸還不只於此。太陽王的多情是出了名的。為了還能夠繼續愛國王，拉瓦利埃爾只能卑微地在亨利埃塔（Henrietta）去與國王談情說愛之前，幫亨利埃塔梳妝打扮；有時路易十四

打獵歸來，先在她那停留一下，撲撲粉，彈掉靴子上的土，換了衣服，然後走進亨利埃塔的房間。

她只是他們談情說愛的屏風。這種忍受終究是有限度的，拉瓦利埃爾終於決定離開這個冷漠無情的宮廷，她向國王懇求進入修道院……或許後宮的不幸在任何時代、任何國家都是相似的。

1666 年，皇太后安妮公主在自己的寢宮與世長辭。第二年，路易十四向蒙特斯潘（Montespan）求婚。她非常聰慧，而且美豔動人。在蒙特斯潘的催促下，路易十四加快了凡爾賽宮的改建工程。

這位女士夢想著住到小樹林裡，這樣他們就能與世隔絕，她和國王的愛情也將更為長久，而且還能避開朝臣們鄙夷的目光。於是建築師則為他們的愛情建造了石洞；裝飾家則為他們設計了一組噴泉。這一切都表徵著國王對新情婦的熱情。

接下來的這年夏天，路易十四在凡爾賽舉行了盛大的宴會。明眼人都能看出，這次宴會是為國王的新情婦蒙特斯潘夫人舉辦的。盧利的音樂伴奏、莫里哀（Molière）的戲劇、抽獎賭博、每天燃放的煙火、新噴泉的噴水裝置 —— 國王的所有藝術家和能工巧匠都為 1668 年 7 月 18 的「皇家盛會」獻上了極富想像力的珍品。歷史學家一致認為，這是路易十四王朝所舉辦過的最盛大的宴會。

4

對於這個狂熱的狩獵愛好者而言，政治、愛情，似乎不足以讓我們完全看清他這段生活的全部。而對於狩獵，太陽王還是一如既往地豪奢、專制。

對於法國人，尤其是法國貧民來說，這也許不是好事。

1668年，在「皇家盛會」這個令人難忘的夏季結束之前，國王像往年一樣離開這裡，趕往楓丹白露城堡，因為狩獵季節就要到來。這種戶外活動是王室成員每年必做的事，它持續了好幾個世紀。直到今天，楓丹白露附近的巴比松（Barbizon）森林裡還迴蕩著獵犬的狂吠聲和狩獵的號角聲。

國王一行人在狩獵的時候會帶上一大批獵犬。這些獵犬就像是狩獵者的助手，牠們只需簡單地追趕一隻獵物。獵物奔跑的時間越長，牠所經過的路面就會越熱，而留下的氣味也就越重。透過氣味，獵犬就能比較輕易地抓獲獵物。但是，雄鹿這種動物非常狡猾，牠想方設法不被獵犬抓獲：牠會來回地轉圈；牠會重複自己剛才跑過的路線；牠會藏進暗處，牠會躺下來，躲過獵犬的視線；牠會跳進小水塘，或者是越過小溪澗；牠會將獵犬引到別的雄鹿那裡去，希望藉此來擺脫追捕。但是，那些受過訓練的獵犬是不會輕易上當受騙的。這種狩獵的過程極其複雜，極其微妙，也非常有難度。上面提到的獵物的聰明，也是讓狩獵過程變得異常複雜的原因之一。

從 12 世紀初開始，楓丹白露就經常有國王光顧。路易十四很喜歡這個地方。在那裡，他能感受到父親以及祖先亨利四世、法蘭索瓦一世的激勵，這些人和他一樣都酷愛狩獵。

1669 年 8 月末，路易十四在楓丹白露的歷史上留下了一筆。他下達一道命令，確認了王室對這片森林的支配權：

> 一切商人、工匠、中產階級、農夫及平民，均不得為了獲取
> 皮毛，以任何形式和手段，在任何地方狩獵。

這絕對是一道獨具「太陽王」特色的命令，他要的東西，絕對不能有誰跟他搶，所有人都得服從他的豪奢。如此一來，普通平民就無權狩獵了，穿著皮毛成為貴族的特權，而享受野味也成了高貴的標誌。說說太陽王的野味享受也是很有趣的。

這些特色野味都來自周圍的樹林和森林。其中包括一些形體較小的禽類，比如說小鵪鶉、小山雞；也有些體形較大的動物，比如野豬、雄鹿等等……肉凍糊狀的小野豬肉，精心烤製的鹿腿是當時貴族們最拿得出手的美味。肉片和腿一般都烤著吃，而動物身體前部的其他一些東西，一般來說都是燉著吃。而燉野味的最好器具就是砂鍋，不管是小鵪鶉、野豬還是雄鹿。

當然，狩獵和愛情並沒有占用太陽王太多的精力。在 1661年到 1670 年的十年間，除了加強君主專制，法國還致力於經濟建設和對外軍事擴張。經濟上，他推行重商主義政策，鼓勵工商業，取消國內關卡，改善交通。軍事上，他造就了一支卓有

成效的海軍，一支裝備精良的陸軍。1667 年，為了支持王后對布拉邦的繼承權，對西班牙發動了遺產繼承戰爭，實際上這只不過是太陽王的一次軍隊巡遊。1668 年亞琛和約（Treaty of Aix-la-Chapelle）簽定，里耳（Lille）、杜埃（Douai）以及位於阿圖瓦和西屬尼德蘭（Spanish Netherlands）境內的 12 個要塞劃歸法國。

歐洲文明的燈塔

1

1671 年，路易十四永遠搬離了羅浮宮，凡爾賽從此成為國王的行宮。

搬到凡爾賽後，他最大程度地干預了這座宮殿的修建，他要求建築師完全按照他的想法設計新宮殿，畫好的圖紙他得親自過目。他希望凡爾賽宮能夠更加宏偉，能夠與自己的身分相稱。當時的建築師勒沃（Le Vau）不太欣賞路易十三修建的那些老式城堡，他們請求國王將老建築夷為平地。路易十四反駁說：

> 「如果你們想摧毀那些建築，可以。但請你們相信，我會一點一點重建的，我要讓它們恢復到你們今天所見到的樣子。」

但是，太陽王並沒有時間來享受他的新宮殿，因為宮殿還未竣工，他就於 1672 年向荷蘭宣戰。

　　而這個時候，富凱當年的手下柯爾貝已榮升為財政大臣。據同時代的人描述，他是個眉頭緊皺、眼窩深陷、眉毛濃密、儀態威嚴，乍看之下有點凶惡的人。但是從他寫的書信來看，這位偉大的廷臣充滿了情趣與人情味。

　　柯爾貝出生在漢斯的一個簡樸呢絨商的住宅裡。那是一所掛著「長外套」招牌的老房子。房子保存了數百年，最終沒能逃脫德國炮火的洗劫。柯爾貝在一家銀行當了幾年學徒，之後便進入馬薩林教府裡工作，馬薩林看中了他，委託他照管府中所有事務。那年柯爾貝 35 歲。

　　他是個理財高手。馬薩林揮金如土，一面巧取豪奪，一面揮霍無度，可謂是今日家財萬貫，明朝分文無有。柯爾貝不動聲色地支付債款，安撫債主；金庫存款告罄的時候，便把自己口袋裡的錢掏出來支用，甚至向朋友告貸。同時，柯爾貝把這些情況寫成簡明的報告上呈主人。他用各式各樣的紙張寫報告初稿，紙上不留邊白和空隙，字跡細小緊密而工整。報告中不寫空話，都是事實、告誡、帳目、建議、政治見解、財政狀況和主教府內事務的詳細等。馬薩林臨終時把這個「家僕」遺贈給路易十四。他倍加讚賞柯爾貝，他說：「陛下，您賜給了我一切，為報皇恩，我把柯爾貝奉獻給您。」

這注定不是個能久居人下的人。

1661 年，他告發了富凱，自己爬上了財政大臣的寶座。

你爭我奪，血雨腥風在政治場上是最平常的底色。任何的殺戮在此可能根本就說不上對錯。富凱的悲劇對於法國，未必不是件幸事。

柯爾貝當上財政大臣之後，奉行重商主義政策：

扶植和發展本國工業。政府透過對工廠主發放貸款、封賜特權、頒發補助金等獎勵措施，建立大規模的集中手工工廠——「王家」工廠，廣招國外能工巧匠以提高技術，發展手工業生產。

對內統一市場、保護關稅。柯爾貝在國內取消了大量封建關卡，建立了關稅同盟。在同盟內部，撤銷關卡，降低稅率，以促進商品的自由流通。

發展商業，擴大輸出，減少輸入，爭取貿易順差。柯爾貝力圖透過大型貿易機構使法國壟斷海外商業。西印度公司、東印度公司、近東公司、北方公司等先後建立。為了阻止外國商品進口，1664 年、1667 年柯爾貝兩次修改關稅條例，對英國的羊毛和地毯、安特衛普（Antwerpen）和布魯塞爾（Brussels）的掛毯以及荷蘭、西班牙的呢絨課以重稅。此外，他還重視農業生產，提倡種植大麻、桑樹，試圖推廣植棉，改良馬和羊的品種。

柯爾貝的一系列措施使法國經濟普遍繁榮起來。據記載，在柯爾貝被任命為檢查官時，國家總收入為 8900 萬法郎，瓦盧瓦王朝時就欠下的滾雪球似的老債又抵消了稅收的一半。到柯爾貝逝世時，國家總收入增加到 1.05 億法郎，債務減少到 3200 萬法郎。

　　繁重的工作使柯爾貝全身都是病：高燒、胃痛、痛風……史官記述了他的忌食情況：早上僅吃一塊泡在湯裡的麵包，晚上只喝點菜湯，吃點雞肉。至於睡眠，診斷結論是「經常失眠」。

　　1689 年，在完成了凡爾賽這項偉大的工程後，他終於頹然倒下，享年 64 歲。關於他的死亡，野史倒是有一種有趣的記載：柯爾貝因為反對國王大肆揮霍，引起了路易十四的厭煩，終於有一天，路易十四嚴厲斥責了他，他嚇得病倒了，再也沒有起來，留給太陽王一世的榮華。

　　1672 年，向荷蘭宣戰那年，法國的財政大臣就是這位柯爾貝。那時，法國國內財政無法保持良好的收支平衡，柯爾貝說服路易十四放棄正在進行的工程，將帝國的資產完全用來支持軍事行動。於是，凡爾賽的修建工程被中斷了 6 年之久。

　　在此期間，柯爾貝著手建造「傷殘軍人醫院」，並於 1676 年竣工。大多數傷殘軍人以行乞為生的歷史從此結束。

　　30 年後，建築師儒勒・哈杜安・孟薩爾（Jules Hardouin Mansart）為這座具有紀念意義的建築物加上了一個華美的圓屋頂。從那時起，「傷殘軍人醫院」的外觀就一直沒有改變過。

2

經歷長達 6 年的對抗之後，1678 年，法國與荷蘭簽署了「和平協定」。時年 40 歲的路易十四成為歐洲最強大的君主，他打算向鄰國炫耀自己堪與太陽相媲美的偉大形象。法國重獲和平後，路易十四完全聽從柯爾貝的建議，將所有人力財力都投入到他夢寐以求的凡爾賽宮的修建上。

接下來的十多年，凡爾賽宮成為建築師、工程師、畫家、藝術家以及工匠們的大型研究所。

測量，填充，開鑿溝渠和池塘，移植成千上萬棵大樹，切削打鑿數十萬塊石頭⋯⋯在工程高峰期，凡爾賽就像一個大蜂窩，容納了 3,500 名辛苦勞作的工人！為什麼要花費如此大的氣力，單純為了供國王享樂嗎？不⋯⋯這是為了追求帝國更大的輝煌！

在這一切背後，路易十四和柯爾貝懷著一個偉大的計畫。柯爾貝認為，沒有什麼能像和平那樣帶來巨大的財政利益，而作為和平標誌的凡爾賽宮的修建其實就是在振興法國經濟。而於路易十四，意義還不僅於此，更重要的，這是他集中政治權力的策略之一。他解除了貴族們地方長官的權利之後，將他們都安置在凡爾賽宮內，宮廷的規矩迫使貴族為衣裝付出鉅款，迫使他們從早到晚待在宮殿裡參加各種舞會、宴席和其他慶祝活動。據說路易十四記憶驚人，他進入一個大廳後一眼就可以

看到誰在場，誰缺席。因此每個希望得寵於國王的貴族都必須每天在場。這樣他們就沒有時間去管理地方的問題了，相反的，他們更多的精力都耗費在幫助國王更衣、爭風吃醋之類的瑣事上。慢慢地，他們的地方權利失去了，路易十四把所有的大權都掌握到了自己手中。

於是在短短十年間，路易十三的「紙牌屋」就消失了。1689 年，一座富麗堂皇、雍容華貴的法國古典主義皇家建築在巴黎西南郊區十五公里處竣工。宮殿外觀宏偉壯麗，別的不說，單是宮殿前廣場的那 600 多個噴頭同時噴出的塞納河水，就足以遮天蔽日。宮殿內部陳設和裝飾則更富藝術魅力。500 多間大小殿堂處處金碧輝煌，世界頂級的雕刻、巨幅油畫，造型精巧、工藝絕佳的傢俱，豪華奢靡、富麗奇巧。

凡爾賽宮花園由人工運河、瑞士湖和大、小特里亞農宮（Grand/Petit Trianon）組成。園中古樹參天，俯瞰著如茵的草坪和平靜祥和的湖水；各式花壇錯落有致，襯托出婷婷玉立的女神雕像。大、小特里亞農宮更是典雅別緻，獨具特色。

路易十四統治時期，凡爾賽成為歐洲文化的燈塔。從各國接踵而至的大使可以看出，早在 300 多年前，旅遊熱就已經在法國首都興起。

悲壯的沉落

1

1679 ～ 1689 年無疑是凡爾賽最有紀念意義的十年。

然而，對於蒙特斯潘夫人和凡爾賽宮裡的大人物們來說，十年的和平期卻猶如十個世紀般漫長。

柯爾貝在完成一項具有紀念意義的工程後，永遠告別了人世。

盧利也從舞臺上消失了。他被嚴重的血液中毒奪走了性命，起因是他一邊愚蠢地笞杖自己的腳趾，一邊為他的新作〈感恩贊〉（*Te Deum*）打節拍。

生性活潑的拉瓦利埃爾小姐厭倦了宮中的是是非非，隱居到修道院。

豐唐吉斯公爵夫人（Duchesse de Fontanges）這位曾經的國王的情婦也打算退隱到修道院。

和其他曾經生活在國王身邊的情婦一樣，蒙特斯潘夫人也進了修道院。

這位美麗的女士做路易十四的情婦近 15 年之久。

比西‧拉比旦（Bussy-Rabutin）在寫給表妹塞維涅夫人（Madame de Sévigné）的一封信中，談及過做情婦這種輝煌卻又短暫的職業：「對於這些美麗的女人來說，拯救她們靈魂的

最可靠方式，就是與國王共度一段時光。我懷疑他是否告訴過他愛的那些美人：如果國王與妳做愛，上帝就會拯救妳！」

在這漫長的十年間，路易十四日漸衰老。那個曾經高傲的年輕人如今已有 50 多歲，他的小腹挺起來了，頭髮也禿了。

……

總之，一切似乎都在走向沉落。這種味道一如太陽西落時空氣中彌漫的那種令人厭倦的枯萎氣息。然而，曾經用以詮釋太陽王的凡爾賽宮卻在這種沉落中屹立宛如當年，甚至更加輝煌。或許是對這種頹勢的一種潛意識的掩飾，1680 年，路易十四在凡爾賽宮朝西面向大花園的那一面的正中，又蓋了凡爾賽宮中最為輝煌的那個部分 —— 鏡廳。

鏡廳長 76 公尺，寬 10 公尺，高 13 公尺。面向花園的西側是 17 扇巨大的拱形窗戶，與之相對的東牆上鑲嵌著與拱窗相對的 17 面大鏡子，每面鏡子由 483 塊鏡片組成。它的內壁用白色和淡黃色大理石貼面，鏡板間用科林斯式（Corinthian Order）綠色大理石壁柱隔開，柱頭和柱礎為銅鍍金，柱頭上飾以太陽、花環和天使，一律用金色。

夏爾·勒布倫（Charles Le Brun）的巨幅天頂畫再現了路易十四執政初期的歷史事件，當夜幕降臨時，燭光搖曳，經鏡面反射形成 3,000 道燭光，整個大廳成為金色的海洋。

當依舊守著鏡子磨製祕密的威尼斯大使來訪時，他們對王

宮裡的枝形吊燈以及「鏡子大廳」中精美絕倫的鏡子大加讚賞。路易十四向他們介紹，這些都是聖戈班（Saint-Gobain）玻璃廠的製品。但是他沒有告訴這些大使，製作鏡子的祕密正是那些被柯爾貝綁架來的威尼斯玻璃工人洩露的。

2

即使是凡爾賽宮大規模的繼續修建，依然不能滿足老國王的雄心，他仍然汲汲於當年儀式性宣言的實踐，而這種實踐，戰爭似乎是最好的辦法。於是，在生命的最後年頭裡，他又發動了兩場規模巨大的戰爭：一是對奧古斯堡（Augsburg）軍團的戰爭；一是對西班牙的戰爭。

對奧古斯堡軍團的戰爭歷時 7 年，對於太陽王來說，這 7 年是其政治生命的迴光返照。一方面，戰爭取得的勝利是舉世矚目的，從那以後所有的歐洲國家都像人造衛星一樣繞著太陽王旋轉；而另一方面，整個王朝的大趨勢已經盛極而衰，呈現滔滔向下、頹勢無可阻擋之態。

無論趨勢如何，整個王朝表面仍是一片繁華。7 年的戰爭勝利之後，路易十四再次開始大興土木。

國王很快就要 60 歲了，他想留給後代一個虔誠的天主教國王應該留下的那份遺產。他的父親路易十三在他出世時曾立下誓言，要對巴黎聖母院進行裝修，怎奈英年早逝，未能實現自

己的諾言。現在，這個 60 歲的兒子將為父親了卻心願。

　　今天的巴黎聖母院中依舊完好保存著聖母瑪利亞膝上抱著基督遺體的圖像，上面的約瑟形似他的父親路易十三，而聖母瑪利亞看上去則像他的母親奧地利安妮公主。

　　除了巴黎聖母院，路易十四還決定在凡爾賽修建一個小禮拜堂，表明自己的虔誠。這間小禮拜堂整體色調為白色，內部裝潢則金碧輝煌。

　　這種繁華的表面，在路易十四的最後一場戰爭中得到了最為顯著的展現。

　　1700 年，為了保住安茹公爵對西班牙王位的繼承權，法蘭西帝國又一次陷入戰爭之中。戰爭初期形勢對法國還是有利的，但從 1704 年起卻開始屢遭敗績。而此時，62 歲的路易十四又第一次沒有遵從已故大臣柯爾貝留下的建議，在戰爭期間繼續修建教堂——「皇家禮拜堂」。這項工程持續了十年之久，一直到 1710 年才最終完成。這十年間戰爭失敗、物資匱乏，法國陷入一片可怕的荒涼，饑民暴動此起彼伏。

　　1710 年法軍在比利亞維西奧薩（Villaviciosa）意外取得勝利。

　　1712 年在德國又意外取勝。

　　1713 年久戰生厭的英國退出了反法聯盟，法國終於逃出最壞的結局。烏得勒支（Utrecht）和拉什塔特（Rastatt）條

約締定，和約承認了太陽王的外孫菲利普五世（Philip V of Spain）的西班牙王位，而路易十四卻沒從中獲利：

法國與西班牙不得合併；撤回洛林的駐軍，割讓部分領土給奧地利和荷蘭；布蘭登堡（Brandenburg）候選被承認為普魯士國王；英國在北美獲得新的殖民地和貿易特權，並占據直布羅陀（Gibraltar）。

從此，歐洲結束了衛星繞著太陽旋轉的時代。

彷彿上天一心動搖這位老國王的信念，在接下來的一年裡，路易十四先後失去了心愛的兒子和孫子。

一切都在走向沉落。兩年之後的 1715 年，一生跋扈的太陽王在凡爾賽宮中那張印花的大床上告別了人世，享年 77 歲。就此離去，或許路易十四心有不甘，但以一場轟轟烈烈的戰爭來完成太陽王儀式性的西落，無論結果如何，他都不失悲壯。

餘響

1

凡爾賽的第二位君主路易十五（Louis XV）也是在 5 歲時登上了法國王位，執掌凡爾賽宮。

一樣的起點並不意味著一樣的結局。如果可以簡單地用成功與失敗來衡量一個君主的話，那麼路易十五無疑是失敗的。

先王為保持政權的穩固曾留下遺囑，命組成攝政會議，輔佐幼主。那時的路易十四絕對沒有想到他的遺囑在他死後不到兩天就被巴黎高等法院否決了，他的姪子、奧爾良公爵菲利普一世（Philippe I）開始了長達 8 年的攝政時代 —— 這或許是太陽王一生中最大的失算。

　　菲利普摒棄了路易十四的一系列政策，他攝政時期的法國社會幾乎可以用貴族跋扈、宮廷腐敗、政治黑暗三個詞來概括。

　　菲利普中風死後的兩年，即 1725 年，路易十五的太傅紅衣主教弗勒里（Fleury）掌握了政權。弗勒里執政將近 20 年，也為法國帶來了將近 20 年的安定。他在內政和外交上都謹慎從事，著力於發展經濟，與民休息，法國社會矛盾得到緩和，政局明顯好轉。

　　1743 年，路易十五親政。這是個平庸無才、不視政事的君主。在他統治時期，國家大權完全掌握在他的情婦龐巴度夫人（Madame de Pompadour）手中。

　　總會有這種感覺，太陽王的光芒使得穿行於凡爾賽的其他人顯得暗淡而匆匆，對於這些人，這一章本來也只準備做個浮光掠影的掃視。然而說到這個龐巴度夫人，不免又心癢地想加上一筆。

　　這位後來的龐巴度侯爵夫人，本名珍妮－安托瓦內特・普瓦松（Jeanne-Antoinette Poisson），出生在巴黎 —— 當時

還只是個過度發達的小城。她的母親是當地有名的美人，父親普瓦松則是個樂觀的中產階級紳士。珍妮 4 歲的時候，父親捲入一樁黑市醜聞跑到德國避風頭，結果一去不歸。母親不久就與從前的瑞士大使圖爾內姆（Tournehem）在一起了。當時誰也沒想到這麼一樁小小的醜聞在悄悄地改變珍妮的一生，悄悄改變著法國未來幾十年的政治界和藝術界。

圖爾內姆是個有責任感同時又相當富有的男人。在他的幫助下，珍妮接受了當時最良好的教育。而這個時期的教育對於她日後在繪畫、音樂、文學、哲學上的造詣的影響無疑是關鍵的。

珍妮漸漸長大，她長得很漂亮，優雅而有內涵，但是身體虛弱。在她的結婚年齡，圖爾內姆把自己的外甥埃蒂奧勒（Normant d'Étiolles）介紹給珍妮，並且允諾自己的財產今後將遺贈給珍妮。於是，兩人閃電般結婚，珍妮變成了埃蒂奧勒夫人。

婚後他們夫婦感情很好，生有一雙兒女。但這對不幸的兄妹都夭折了。痛苦過後，埃蒂奧勒夫人把心思都轉移到社交，與許多巴黎的貴婦一樣，埃蒂奧勒夫人盡力創建並維護自己的沙龍（salon），湊巧的是，伏爾泰（Voltaire）被她深深吸引，在這位百科全書派的傑出代表的鼓吹與宣傳下，埃蒂奧勒夫人的沙龍賓客盈門，成為巴黎沙龍中的時尚典範，並且引起了凡爾賽的關注。

珍妮的母親普瓦松夫人是個工於心計的女人，她始終在策劃讓女兒成為國王的新寵。珍妮曾經開玩笑地對母親說，如果有一個男人能讓她動心離開自己的丈夫的話，那麼那個人是國王。她沒有想到玩笑會成為現實。

　　國王邀請埃蒂奧勒夫人參加宮廷宴會，並且試圖接近她。對此，珍妮顯得從容不迫，優雅大方，若即若離的適度距離令國王神魂顛倒。不久，在凡爾賽宮就有了她的房間。為了做表面文章，路易十五封珍妮的丈夫埃蒂奧勒為龐巴度侯爵。從此，龐巴度夫人正式成為國王的情婦。

　　龐巴度夫人了解路易十五是個無趣的人，因此，她總是想方設法安排各種娛樂活動供國王取樂：

　　她在凡爾賽建造了一座設施豪華的小劇院，專門上演歌劇、芭蕾、滑稽劇，她還經常約國王去遠足、狩獵，甚至到郊外摘水果。

　　路易十五樂於參加她安排的一切活動。珍妮聰明活潑、伶牙俐齒，總能討得國王的歡心。他們日夜相伴，形影不離。

　　路易十五知道龐巴度夫人喜歡藝術，於是，從國庫中支出大筆資金供她使用，滿足她對工藝品、珠寶，特別是傢俱的收藏愛好。同時，龐巴度夫人還建造並裝修了大量別墅、住宅。這些都直接導致了洛可可（Rococo）裝飾藝術的產生和風行。於是 17 世紀太陽王照耀下有盛世氣象的雕刻、建築風格，被這位貴婦的纖纖細手摩挲得分外柔美媚人。國王的恩寵使龐巴度

夫人擁有旁人不可想像的權力，她對藝術的關注令許多畫家、音樂家、詩人、哲學家蜂擁而至，許多人曾經得到過她的庇護和資助，法國藝術也在這個時代成為歐洲藝術的最高成就。

不管這個美麗的女人在法國史上扮演什麼樣的角色，毋庸置疑的是，沒有一本嚴肅的裝飾藝術史、法國藝術史能夠忽略她的存在。

1764 年，龐巴度夫人在凡爾賽病逝。據說路易十五傷心不已，他守在她的身邊，不允許別人將遺體運走，直到被朝臣們強行拉走。

正是與這位貴婦人有關，路易十五時期的法國，宮廷奢華靡爛，政府債務愈陷愈深，封建壓迫剝削日益加重，並參與了一系列歐洲和殖民地的戰爭，比如波蘭王位繼承戰爭和奧地利王位繼承戰爭。然而對其打擊最大的還是「七年戰爭」：法奧聯軍在歐洲大陸上屢次敗給了「弱小的普魯士」；美洲和印度的殖民地被英國人打得落花流水。戰爭的結果是法國不但沒有在歐洲大陸取得任何利益，反而喪失了幾乎所有的美洲和印度殖民地。法國衰落的速度更加明顯和不可遏制。

鋪張的宮廷開銷，數額大得可怕的軍費，將整個國家的經濟重重壓制著，而這時社會上「啟蒙運動」（Enlightenment）的風潮也開始湧動，要求改革的呼聲日益高漲，對波旁家族的不滿也日益公開化。整個國家正處在激蕩的邊緣。

1774 年，當路易十五奄奄一息的時候，他似乎已經聞到了大革命的氣息，他留下一句話：「Après moi le deluge」即「我死後，將會洪水氾濫」，就把整個爛攤子丟給了他的孫子。

2

5 月 10 日，路易十六（Louis XVI）即位。和他的父輩不同，路易十六是個老實人，精力充沛，喜歡打獵和做鎖匠的工作，不貪戀錢財，不沉迷女色，如果他生在一個普通的小市民家庭裡，肯定是個相當好的人。但能做個好人的人卻不一定能做成好人。命運把他安排到了國王位置上。這只能說是他的悲劇。

登基時，他曾雄心壯志要改革社會沉痾，重建國家的威望，大有成為波旁家族中興之君的決心。然而事實卻遠比他想像的嚴峻得多。當時的法國財政危機本就已經難以逆轉，而貴族們和主教們仍不願放棄波旁家族的奢華傳統，同時更不願納稅。路易十六雖想改革，卻沒有勇氣去驚動那第一和第二等級的貴族。為了度過財政危機，路易十六大量發行國債，拆了東牆補西牆。他求助於老百姓，重新召開三級會議。然而這些措施非但於事無補，相反地，更進一步地將法國的經濟推向崩潰的邊緣，將民眾的怒火導向爆發的臨界點。

1789 年 10 月 5 日下午 4 點，從凡爾賽的窗口向外望去，

就可以看見在霧氣濛濛的林陰大道上，向君主制發起進攻的巴黎人民的隊伍正向這座豪華的宮殿逼近。

凡爾賽迎來了它的末日。

革命者用了 2 個小時就攻下了巴士底監獄（Bastille），典獄長被斬首。這時，反應遲鈍、老實的路易十六對此一無所知，10 點鐘他就安然地上床就寢。當利揚庫爾（Liancourt）公爵不顧衛士的阻攔，闖進臥室，告訴他巴士底監獄被攻占的消息時，他驚慌地問：「啊？你帶來了一個造反的消息？」公爵馬上回應：

「不！陛下，這是一場革命！」

1793 年 1 月 21 日，路易十六被押上了斷頭臺。當時他表情平和，死前只說了一句：「願上帝保佑和寬恕你們。」

處決後，他血淋淋的頭顱被劊子手拎到空中，圍觀的群眾一陣歡呼：

「共和國萬歲！」

凡爾賽的輝煌年代終結了，法國的古典主義時代終結了。

這段歷史有如史前神話時代般瑰麗神奇。而法國除了路易十四時代，就再也不曾有過這樣的輝煌：磅礡巨大，氣勢浩然，如太陽吸引行星般吸引著整個歐洲繞轉。

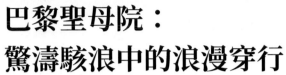

巴黎聖母院：
驚濤駭浪中的浪漫穿行

「她就這樣飛舞著，兩隻滾圓淨潔的手臂高舉過頭上，把一支巴斯克手鼓敲得嗡嗡作響；只見她的頸部纖細、柔弱，轉動起來如胡蜂似的敏捷；身著金色胸衣，平整無褶，袍子色彩斑斕，蓬鬆鼓脹；雙肩裸露，裙子不時掀開，露出一對優美的細腿；秀髮烏黑，目光似焰；總之，這真是一個巧奪天工的尤物。」

「卡西莫多（Quasimodo）於是獨自繼續尋找。他數十次、上百次地把教堂找了一遍又一遍，從高到低，從縱到橫，上上下下，狂奔亂跑，喊喚嚷叫，嗅嗅聞聞，東張西望，到處搜尋，把頭伸進一個個洞裡，把火炬舉到一處處穹拱下，悲痛欲絕，瘋瘋癲癲，就是一隻雄獸失去其母獸，咆哮不已，喪魂落魄，也不過如此。」

……

走進巴黎聖母院你無法不想起這些文字，無法不追尋雨果的筆尖，四處逡巡，尋找被善良的卡西莫多親切地喚為「瑪麗」、「雅克琳」、「加布里埃」、「蒂博」、「吉約姆」的鐘，那是他最忠實最值得信賴的朋友；尋找長年累月地豎立著被人們稱作「正義臺」和「梯子」的絞刑臺和恥辱柱的格列夫廣場（Place de Grève），幾個世紀前一個美麗的吉普賽女郎愛絲梅拉達（Esmeralda）在這裡翩翩起舞；尋找南北兩座鐘樓間的那個有著漂亮的雕花欄杆的大理石平臺，在愛絲梅拉達最為寂寞的時候，卡西莫多帶她到這裡來感受陽光，並冒險

躍過走廊的雕花欄杆，像猴子一樣在距地面二百多尺的牆壁上攀來爬去，最終在玫瑰窗的花格裡為她採摘了一朵不知名的野花，這是卡西莫多第一次博得美人笑，也是唯一一次。

其實早在 1163 年法王路易七世時代，巴黎聖母院就在教皇亞歷山大三世（Alexander PP. III）的精心策劃下開始動工了。它以 800 多年的老資歷見證了法蘭西的歷史興衰和風雲變幻，如果說艾菲爾鐵塔是現代巴黎的標誌，那麼巴黎聖母院無疑是古老巴黎的象徵。

巴黎聖母院處於巴黎的核心位置，據說巴黎的先民高盧人，最早就是在這裡建立城市的雛形，至今計算巴黎到法國各地的里程都以巴黎聖母院為起點。這些都為巴黎聖母院贏得了永久的光輝和不衰的聲響，但真正為這座建築物增色敷彩、投光注煌的，還是當首推維克多・雨果（Victor Hugo）。

那還是在 170 多年前的某一天。雨果徘徊在一座古老的教堂裡。這是一座典型的「哥德式」（gothique）教堂，後來的雨果是這麼描述它的：

「建築史上肯定沒有更輝煌的篇章。既是同時又是依次呈現在我們面前的是三座尖頂拱門；門頂上二十八座列王神龕一字排開，組成精工細雕的束帶層；再往上，巨大的中央玫瑰花窗左右各有一扇側窗；更上一層，是高聳的、單薄的三葉草圖案的拱廊，細巧的柱子支撐著笨重的平臺；最後是兩座

黑沉沉的有石板前簷的偉岸塔樓：上下疊成壯觀的五層，每層各為一個宏偉整體的和諧組成部分。這整體在我們眼前展開，浩浩蕩蕩，有條不紊；牢牢依附其上的眾多雕像、雕刻、鏤刻及其無數細部適增其偉大與莊嚴。不妨說這是石頭的交響樂，是一個人和一個民族的宏篇巨構。既一體渾成又繁複叢雜，它是同一個時代的所有力量齊心合作的神奇產品。每一塊石頭都花樣百出，展現出藝術家的天才和工匠的奇想。既千姿百態，又亙古如一。」

就在這裡，雨果沿著螺旋型的樓梯拾級而上。教堂那麼古老，那麼神祕，他似乎能聽到古老的樓宇在隱隱地向他講述著一些不為人知的動人傳說。他細細觸摸著教堂的每一塊石頭，忽然間在兩座塔樓之間的暗角上，雨果發現了一個用手刻在牆上的字：「ANNARKH」——希臘單詞，意為「命運」。

這次偶然的發現觸發了雨果的靈感，1831 年 1 月 14 日，11 卷的《鐘樓怪人》帶上這座古老教堂進入了所有巴黎人的視野，接著是法國人，然後歐洲、世界，人們都開始注目這座哥德式建築。

在小說裡，雨果思考善惡、美醜，關懷苦難、人類，探索命運、自由，巴黎聖母院也遠遠超越了它作為「建築」和「教堂」的意義，而有了全新的社會價值和思想內涵，成為人們心目中革新與保守、拓進與妥協、正義與邪惡、美奐與醜窳的試金石與分水嶺。教堂哥德式建築尖拱的肋狀拱頂和飛扶壁帶給

人的不再只是飛升感，更多的是雨果式的悲憫。與中世紀的冰冷殘忍相比，這似乎更接近宗教的宗旨。

在小說裡，雨果以洋洋灑灑 10 萬言，游離小說情節之外，在對巴黎聖母院遠古足跡的追尋中，深切地悼念歷史的失落。他還是以他一貫的悲憫提出，建築術是人類的重要記載方式，世界上沒有一種稍微複雜的思想未曾變成建築物，石頭銘刻了人類一切重大思想。而 15 世紀後，印刷術的發明卻使保存思想的方法變得簡單易行，建築術逐漸乾涸、萎縮，時代、思想紛紛離它而去，建築術作為總體藝術慢慢解體。保護歷史建築不再是可有可無的事情。小說發表不久，法國即成立了歷史建築委員會，專司古建築古街市的保護、維修和重建等事宜，並從 1840 年開始對巴黎聖母院進行了長達 30 年的大規模整修。

於是，雨果、卡西莫多和愛絲梅拉達就與巴黎聖母院一起駐留人們的腦海，成為所有遊人揮之不去的神話，氤氳於教堂的每個角落。

因此，儘管我們知道雨果概括不了巴黎聖母院，但我們仍無法拋開雨果而談巴黎聖母院。正是雨果，讓人們注意到這座古老的教堂；也是雨果，使這座古老的教堂包孕更為豐富而嶄新的內涵；還是雨果，喚起了這座古老教堂的第二次生命。

沿著雨果曾經走過的那道樓梯拾級而上，這位歷史巨人踏著法蘭西那段歷史的浪潮踽踽而來。

那是個風起雲湧的時代。短短80幾年，波拿巴（Bonaparte）臨時執政府、法蘭西第一帝國、波旁王朝百日復辟、波旁王朝再度復辟、「七月王朝」、法蘭西第二共和國、法蘭西第二帝國、法蘭西第三帝國、法蘭西第三共和國，刀光劍影，血雨腥風，風雲瞬息萬變。於這樣的驚濤駭浪中穿行，雨果一貫浪漫，浪漫的詩篇，浪漫的悲憫情懷。

種子隨風撒下

1

　　1802 年 2 月 26 日，按當時的說法應該是共和國 10 年風月 7 日（這時雖然已是執政府時期，但就在這一年，「終身執政」波拿巴決定：18 世紀末法國大資產階級革命後指定的「共和曆」依然有效），這一天對於巴黎聖母院來說，應該是個不平常的日子，不平常的年分。1163 年動工，1345 年完成，巴黎聖母院五六百年間，矗立在西堤島（也譯作「城島」）上，默看塞納河的每次潮起潮落，靜聽院內的每聲晨鐘暮鼓，歲月留給這座古老院堂的沒有修繕，沒有維護，沒有關注，有的只是戰亂的傷害。而共和國 10 年風月 7 日，古老的巴黎聖母院迎來了它幾百年歷史上極為重要的一位人物。

　　這天夜裡，法國東部小城貝桑松（Besançon）寒風凜冽，

飛雪如絮。大約 10 點鐘光景，從聖康坦廣場的一棟三層樓房裡傳出了一聲嬰兒的啼哭，維克多‧馬里‧雨果誕生了。這是一個多麼羸弱的孩子，臉色蒼白，哭聲微弱，低著頭，「他還沒有一把小刀長呢。」母親哀嘆著，她無論如何也想不到這出生時就沒有活力的孩子，不但享有 83 歲高壽，而且將是 19 世紀法國文學和社會生活中卓有影響的人；當然，她更想不到，她的這個孩子會和巴黎聖母院有什麼關係，她只是憑著一個母親最本能的愛意，用乳汁一點一滴地重新點燃這個生命的火花。

可能雨果就是上帝派來的使者，使命沒有完成，他是離不開的。

1802 年，這個特殊的年分；萊奧波德（Léopold）和索菲（Sophie），這對特殊的雙親，雨果從一出生就注定了一生顛簸，一生坎坷。

1802 年 —— 一個風雲迭起的時代，拿破崙正金戈鐵馬、橫掃整個歐洲大陸，1800 年開始的義大利戰爭這時候已經結束，波拿巴迫使奧地利締結呂內維爾條約（Treaty of Lunéville），奪回督政府 1799 年在義大利喪失的土地；陷於孤立的英國也決定與法國談判。第一執政的威望達到頂點，準備把戰火轉向大不列顛。

雙親 —— 站在時代浪尖上有著不同政見的兩個人，父親萊奧波德是拿破崙手下的將軍，南征北戰；母親索菲則是虔誠的天主教徒、倔強的保皇黨人。

顛簸、坎坷從青少年時代就開始了，羅馬 —— 巴黎 —— 義大利阿維利諾（Avellino）—— 西班牙馬德里 —— 巴黎，旅行是他的家常菜。就在永不停歇的旅途中，雨果開始思考生死、善惡，開始以悲憫的情懷看待生命。

　　1806 年，他 4 歲，那時他還在巴黎的學校上學。一次，雨果坐在窗前看景色，偶然間看見附近建築工地上，吊巨石的繩索忽然斷裂，站在巨石上的工人和石塊一起摔下。工人被壓在石塊下，鮮血如注，當場死去。這幕場景一直留在雨果的腦中，纏繞了他一生。

　　而對苦難、死亡的體驗更深刻，還是在 1807 年底從巴黎往義大利的車上。那是他第一次翻越阿爾卑斯山。阿爾卑斯山可是有一路的風景，懸崖峭壁，壁縫間不知名的花草，還有蜥蜴。雨果好奇地注視每一件新鮮事物，就在亞得里亞海遙遙在望的時候，一具具屍體進入了小雨果的眼簾，他們形容枯槁，破爛的衣衫上血跡斑斑。

　　「媽媽，他們到底做了什麼壞事？」雨果緊緊抓著母親問。他不明白這些人究竟犯了什麼罪，要受如此殘酷的刑罰。

　　而屍體越來越多，雨果痛苦地閉上了眼睛。他不忍心看那些本應該充滿活力的身軀而今如朽木般懸掛在寒風中。

2

漂泊並沒有消磨他對文學的愛好，也沒有耽誤他的文學天賦的發展。

他們再一次回到巴黎的時候已經是 1812 年。這一年的 10 月 29 日，克里姆林宮（Kremlin）的轟炸聲驚動了千里之遙的巴黎，法軍在俄國陷於困境。一時間城內謠言四起，有消息說皇帝已經去世，帝制被推翻了。各地的監獄紛紛敞開大門，大量囚犯蜂擁而出。這時候的雨果和他的母親兄弟們正在小房間裡遨遊在書的海洋。

雨果母親讀書面廣，量多。每次拿到新書，她總叫孩子們先試讀。有一位書店老闆和索菲母子很熟，他書店的地下室裡藏著許多所謂有傷風化和一些思想過於自由的書籍。書店老闆讓孩子們對這些書退避三舍，而崇尚自由教育的索菲卻硬向老闆要來了鑰匙，打開房門讓孩子們跑進地下室盡情閱覽。就是在這個時候孩子們發現了伏爾泰、盧梭（Rousseau）、狄德羅（Diderot）。

也是在這段讀書時間裡，雨果第一次來到巴黎聖母院。他一下子就被震撼了。這座典型的哥德式建築，在結構上還創造了尖拱的肋狀拱頂和飛扶壁。這樣，建築內部的空間更大了。走進教堂內，一種向上的昇華感讓雨果立刻感覺到靈魂的淨化。之後，雨果常常徘徊於這座莊嚴雄偉的建築，伏爾泰、盧

梭、狄德羅們對人權、社會的思考，在雨果這裡常常就有了種宗教式的悲憫。所以，雨果對於生命總能不帶任何偏激、不拘任何形式地去捍衛、珍惜。

這樣安靜的日子只持續了 2 年。1814 年，拿破崙垮臺了，波旁王朝復辟。路易十八（Louis XVIII）在巴黎聖母院祭告上帝，巴黎城內白旗飄舞。路易十八「賜予」法國一部憲章，確立了選舉人納稅制度，設置眾議院和貴族院，對革命年代和帝國時期造成的基本變革維持不變。

就在這一年的 5 月，萊奧波德和索菲離婚，索菲帶著阿貝爾（Abel）前往翁維爾（Onville）。父親以加強管制為名，把小雨果送進了寄宿學校。

在學校的 4 年，法國的變化同樣讓人應接不暇。路易十八的新政策手段笨拙，他公開袒護流亡者和天主教會，因而大失民心。1815 年 3 月，拿破崙利用民眾的不滿情緒，駛離厄爾巴島（Isola d'Elba），在法國安提伯（Antibes）登陸，很快抵達巴黎。路易十八倉皇出逃。而拿破崙還沒來得及好好地享受這種勝利的喜悅，就在 3 個月後的滑鐵盧（Waterloo）中敗北，不得不第二次退位。波旁王朝再次復辟。

然而政治上的這些潮起潮落，對於這個時候的小雨果來說不過如窗前輕輕飄過的雲彩。他的熱情都投入到文藝中去了。他經常找同學們一起演戲，拿破崙的角色非他莫屬；他熱愛繪

畫，他的畫經常在書本上出現；而他更熱愛的還是文學。他把維吉爾的《農事詩》（Georgics）用法國古典十二言體翻譯成了法文，那時候學校的副校長都為這首詩的翻譯大傷腦筋；1818年他和兩個哥哥以及兩個朋友共同創辦了一份雜誌，名為《保守文藝雙週刊》（Le Conservateur littéraire）；他的第一部小說《布格‧雅加爾》（Bug-Jargal）也在這個時候寫成。高中畢業後，雨果說服了堅持讓他上工科學校的父親，於 1818 年 9 月在巴黎大學法學院註冊。他的文學之夢一直沒有放棄。這個時期的詩歌，儘管是出於不自覺，但是其中熱情洋溢、華麗奇幻的辭藻已經使詩歌帶上了浪漫色彩。也是在這個時候雨果的政治傾向越來越明顯，詩歌中的政治意味越來越濃。「在佇立的雕像中長生的英雄，頓時就能夠以其安詳的目光讓惶恐的叛黨停止蠢動。」

這是雨果的〈亨利四世銅像光復頌〉，如此才華橫溢的詩句讓他在學院詩歌競賽中得獎。詩中他對亨利四世進行了謳歌：

「毋庸置疑，這尊嚴的形象定然會為我們減輕苦難，增添幸福。法國人，讚美上帝吧！你們中間多了個法國人，公正的君主。」

維克多的頌歌唱得顯然是忘情了，一尊銅像何以能消災降福？但明眼人也可以看出，他是在藉死去的君王謳歌活著的君主。正是當時的國王路易十八為了安撫民心說過，所謂復辟，

僅僅是「多了一個法國人」，這是他保王主義的一次自覺表現。他的保王主義思想的萌芽也不是憑空的，其實早在孩提時候，這種思想就在與母親的四處奔波中埋下了。從小，雨果受保王主義母親的影響比受常年征戰在外的父親的要大得多。

1819 年 2 月 16 日，維克多走過了他生命的第 16 個年頭。在這第 16 個年頭裡他開始了文學結社活動，也是在這第 16 個年頭裡他寫出了後來正式收入自己作品集的最早文學作品。在作家雨果心目中，這是他「問世」的一年。

而對於這一年的創作，雨果後來聲稱：

「16 歲時，政治熱情使我投身文學。」

從他遺留下來的這個時期的作品來看，確實如他所說，充滿了政治色彩。

1820 年 2 月，某公爵被刺殞命，維克多馬上寫了一首表示哀悼的詩。這首詩受到了路易十八的賞識。這位公爵的遺腹子誕生後，維克多又寫了一首詩，同樣受到了王廷的注意。國王允諾給他一個職位和常年的津貼。夏多布里昂（Chateaubriand）非常欣賞這位年輕人，他的《基督教真諦》（*The Genius of Christianity*）把雨果譽為「神童」。

差不多同時，雨果的另一首詩歌獲得了土魯斯百花詩賽的獎勵，他被聘為學院的青年院士。至此，他少年時期的文學創作達到了顛峰狀態。

3

除了悲憫情懷的累積與文學處女地的開發，雨果少年時代最為重要的一件事，就是他和阿黛爾（Adèle）的婚姻。

其實早在他們出生之前，雙方的家長就來往甚密。1797 年萊奧波德和索菲結婚的時候，遭到了索菲所有親友的反對。當他們頂住一切阻力，在巴黎舉目無親地成婚後，僅剩的朋友就是當時的書記官皮埃爾夫婦。但雨果家顛沛流離的生活使得兩家的交往時斷時續。

在維克多 10 歲那年，雨果一家再次回到巴黎，兩家交往重新密切了起來。阿黛爾小姐就是在這個時候出現在雨果兩兄弟的生活中。在那年的小徑中，人們經常可以看到孩子們你追我逐的身影；樹叢中他們的歡聲笑語經常驚起棲息在枝頭的鳥雀。

童年的快樂，後來過於頻繁的交往 —— 維克多從寄宿學校回家後，索菲經常帶著她的兒子們去皮埃爾家串門 —— 這兩個年輕人越來越相互吸引，每次的串門對雨果來說都是他那段時間最快樂的時光。

1819 年 4 月 26 日，從阿黛爾家敞向庭院的高大窗口飄進陣陣沁人心脾的花香。屋裡：

「維克多，告訴我，你心中最大的祕密是什麼？」

「我愛妳！」維克多沉默了片刻，用顫抖的嗓音道出自己最單純而又最深邃的愛意。

「我也愛你。」同樣是片刻的沉默，阿黛爾回答。

從此，維克多一直把這一天視為他和阿黛爾的訂婚之日。在「訂婚」2週年之際，雨果在給阿黛爾的信中回憶了他在聽到阿黛爾肯定的答覆後的心情：

「我產生了一個強烈的想法：為了妳，一定要做一個不尋常的人；我全身都感到力量倍增；我看到世上至少有一件事是確定無疑的，那就是妳愛我。」

而這個時候，他們的愛情卻障礙重重。首先是雨果的母親。他母親在知道這件事後，當著皮埃爾夫婦的面，毫不猶豫地說：

「維克多有美好的前程，他應該找一個最美麗、最富有的女人。」

還有皮埃爾夫婦。索菲強硬的態度使得他們的自尊心受到了極大的傷害。他們很憤怒地對索菲說：

「夫人，那麼請您看管好您兒子，我們也絕對不會讓阿黛爾再見維克多。」

另外在經濟上，雨果更是窘迫異常，那時他的長篇處女作《冰島凶漢》（*Han d'Islande*）還在艱難的寫作之中，短期內完成絕非易事，而夏多布里昂曾經為他爭取年金的承諾也因為辭職化為泡影，至於王廷答應他的職位和常年津貼更是遙遙無期。

1821 年 6 月 27 日，雨果的母親索菲去世。在這一天的日記上，雨果畫了一個死人頭，後面是一個巨大的驚嘆號。母親的去世對雨果來說無疑是個沉痛的打擊，但在客觀上卻使他和阿黛爾的婚姻出現了轉機。一方面是來自母親的壓力沒有了，另一方面是喪母之痛使他更為想念溫柔體貼的阿黛爾。

7 月中旬，皮埃爾一家到德勒（Dreux）度假，第二天他也風塵僕僕地趕到那裡。

「先生，我鄭重向你女兒阿黛爾小姐求婚，我承諾給她幸福。」這是他見到皮埃爾的第一句話，堅定、真誠而又鄭重。皮埃爾笑了。維克多正如自己所說的「正用堅定的腳步在顫動的地上走下去」。

1822 年 4 月，國王實踐了給他一份 1200 法郎的年金的諾言，同時內政部也將給他同樣數目的年度津貼。

同年 6 月，他的第一部詩集《歌與雜詠》（*Odes et poésies diverses*）在大哥阿貝爾的幫助下問世。在這本詩集中，人們不難發現政治詩、幻想詩與怪異詩的紛然雜陳。有評論家就說：「雨果先生的豪華詩使他屢屢觸礁：他經常陷於晦澀，偶爾流於浪漫的誇張。」他還在序中發表了自己的文學宣言，強調詩歌領域是無限的，強調「靈魂的激動」在文學中應有的地位，強調詩意不在思想的形式，而在思想本身。他的觀點顯然還是比較零碎的，但未來浪漫主義的旗手已經初步選定了他的基本立場。

這本詩集初版 1,500 本，為他取得了 750 法郎的版稅。有了這兩筆收入，他的經濟一下子富裕了起來。

　　1822 年 10 月 12 日，祝福婚禮的宗教儀式在盧森堡公園附近的聖敘爾比斯教堂（Saint-Sulpice）舉行，他和阿黛爾終於走到了一起。

　　文學基奠、社會理念、愛情，一切都如種子隨風撒下，發芽只需稍待時日。沉寂了這麼多年的巴黎聖母院靜靜地看著雨果的成長，如果它真如人所說，在天有靈，那麼它該欣慰，在它的陪伴下這個文學大師、思想家如此迅速地成長。雨果即將帶給它的一切，它透過雨果即將帶給人類的一切，似乎都在塞納河畔每日悠揚的鐘聲中隱隱可現。

詩歌的田園裡沒有禁地

1

　　對於法國 19 世紀初期的浪漫派來說，《斯瑪拉》（Smarra）的作者夏爾‧諾迪埃（Charles Nodier）舉辦的浪漫沙龍是這個年輕的文學流派成長過程中的一個重要的搖籃。1823 年 12 月，夏爾‧諾迪埃被任命為兵工廠圖書館館長。兵工廠內有一個很大的客廳，熱情好客、結交廣泛的夏爾常常在客廳裡招待浪漫派的朋友們。在浪漫派沙龍裡，各界人士濟濟一堂，談笑風生，妙語如珠，充滿睿智。雨果就是這個沙龍裡的常客。

　　雨果與夏爾的結識還是始於 1823 年的 1 月。在與阿黛爾的婚姻塵埃落定後，他的第一部長篇小說《冰島凶漢》也完成了。在這本書裡，20 歲的作家對道德和社會進行了多方面的思考和探討：關於惡在人世上的存在和作用的形而上學的問題；關於殘暴的倫理學問題；關於罪與罰、錯誤與正義的社會學問題；關於為爭取自由而叛逆的政治學問題……這些思考和探討雖然還相當零散和膚淺，我們卻可以看到充分展現在雨果未來的長篇小說和史詩中的那些哲學和社會學的萌芽。

　　在 1823 年稍晚一些的時候，維克多在一封信中詳細談到了他寫作《冰島凶漢》的一些想法和情況：

「今夏 5 月，我感到心裡有許多話要說，而不能放到我們的法語詩句裡去，因此，著手寫一本散文小說。……這故事一半是歷史一半是虛構。從這個故事裡，卻可以得出一種道德結論也是整個作品的基礎。」

　　在這封信裡，雨果還指出他寫這部小說的手法是「從英國小說家華特·司各特（Walter Scott）的作品裡模仿來的。」其實他所受的影響遠不止於此。以怪誕可怖的「瘋癲文學」聞名的愛爾蘭作家馬圖林（Maturin）、諾迪埃、歌德（Goethe）、席勒（Schiller）、甚至古代北歐的《埃達》（*Edda*），都在其中留下了多多少少的印記。純雨果式的小說風格的形成尚待時日。

《冰島凶漢》引起的反響不一，憤怒的、驚愕的、讚揚的都有。在所有的公開評論中，最有分量的就是夏爾·諾迪埃發表在 3 月 12 日報紙上的文章。這個已經頗有權威的評論家雖然對雨果「執意要在這裡苦苦搜尋人生裡一切德性上的缺失，一切社會的醜惡、怪誕、卑汙，一切自然和文明狀態中可怖可憎的奇形怪貌」大表不解，但他公允地指出：

> 「對地方的特有的認識和認真做過的研究，使《冰島凶漢》
> 的作者具備了某種程度的地方色彩，這正是《威弗萊》
> （*Waverley*）作者的與眾不同之處。……在《冰島凶漢》裡，
> 可以看出作者是熟讀過《埃達》和歷史的，他認真研究過，
> 作品中也有機智，……在書裡，我們看到了活潑、有色彩、
> 剛勁有力的文章，而尤其令人吃驚的是，還看到了細膩輕巧
> 的筆觸，和只有從人生中得來的細緻情感，而這種細緻的情
> 感恰好和他那粗獷的病態想像力形成十分奇妙的對照。」

　　讀了諾迪埃對《冰島凶漢》的充滿善意的評論，雨果決定登門拜訪。只是當時的雨果還不曾想到這次的拜訪對他的創作理念的轉變，甚至對他的一生有著多麼重要的影響。

　　就是從這個時候起，雨果才成為浪漫沙龍的座上賓，參與浪漫主義作家、評論家們的論爭。經常在這種耳濡目染中，雨果的思想正悄悄地發生變化。巴黎聖母院其實最有資格見證這

些變化，因為在這段時間裡，雨果還是照常時不時地來到巴黎聖母院。思想上每一次艱難的掙扎，是與非的每一次艱難的判斷……在教堂的靜穆中，他總能更加地理性。

2

1824 年 4 月 19 日，英國浪漫主義詩人拜倫（Byron）為了支援希臘人民反抗土耳其的統治而犧牲在希臘的戰場上。這一天浪漫沙龍的聚會上歡聲笑語不再，每個人都顯得莊重肅穆。他們反覆閱讀著拜倫的作品，吟誦自己對這位詩人的悼念。雨果也站到了壁爐邊。

「當人們告訴我們這位詩人去世的消息時，我們覺得好像有人奪去了我們一部分的前途……」

「那些誇誇其談的學者們不停地建議用現存的事物交換曾經存在的事物，他們使我們不禁想起阿里奧斯托（Ariosto）筆下的羅蘭，他要求別人用活馬來換取他的死馬。」

「從前的文學儘管留下了許多不朽的紀念碑，還是不可避免地要消失，並且已經隨同了解其社會習慣和政治熱情的那幾代人一起消失了。我們時代的精髓可能堪與最顯赫的那些時代的精英媲美，但卻不可能是同一個精髓……現代作家也無須去復活一種過去的文學。」

拜倫的死是個契機，雨果的朋友們欣喜地發現，雨果已經明確地站到了浪漫派的立場上。他的浪漫主義思想不再是貼地而飛，而是凌空而起。從此，英國的大地上少了一個浪漫派詩人，而法蘭西的葡萄酒香中卻多了一個旗幟鮮明的浪漫主義文學家。

　　看著如戰鬥檄文般的激情、犀利的文字，你無法想像一個多月前的雨果還在他的詩歌集《頌詩集》（*Nouvelles Odes*）的序中說他不知道什麼是浪漫主義，什麼是古典主義，勸人們「放棄這個用詞問題」，他說：「在文學中，就像在一切事物中一樣，只有好和壞，美和醜，真和假。」

　　1824 年 9 月 16 日路易十八駕崩，他的弟弟阿圖瓦伯爵（Count of Artois）繼位，號稱查理十世（Charles X）。舊王去世，新王登基，這兩件大事把整個巴黎都驚動了。雨果為路易十八寫了一首詩，登在報紙上。這是首悼亡詩，不免要對路易十八做些泛泛的謳歌。

　　然而，詩的另外一半，作者卻以「從聖但尼到聖赫勒拿島（Saint Helena），對命運進行思考」的名義借題發揮，表達了對拿破崙的敬仰之心。

　　雨果當時在文壇甚至政界的影響已經很大，查理十世即位之初就開始了對他的籠絡。1825 年 4 月 23 日，維克多夫婦收到了國王授予的國家騎士級榮譽勳位敕書，以及不久後漢斯加冕禮的邀請函。

同年 6 月 18 日，雨果為查理十世加冕禮所寫的頌歌，以小冊子的形式印行，有七八家報紙轉載了這首詩。王室大臣傳令為維克多·雨果先生的漢斯之行報銷了 1,000 法郎，並在國王帳下訂購小冊子 500 本。查理十世還接見了這位年輕的詩人，雖然據說氣氛沉悶。

但不管怎麼樣，這首頌歌是他對封建君王的最後奉獻了。雨果政治態度轉變的因素是多方面的，我們無法一一詳述。可能國王公布的所謂「瀆神法」中殘酷的死刑，使他想起了小時候義大利旅途中的屍首，也可能是《環球報》（*The Globe*）的自由派分子對自由人權的呼籲引起了他的共鳴，也可能是浪漫沙龍的朋友們向自由派立場的靠近影響了他。但我們可以看到這個事實，1826 年 11 月初版的《頌詩與歌謠》（*Odes et Ballades*）充分顯示出了他自由派的立場。敏感的報界察覺到了他思想的轉變，11 月 4 日《環球報》在預告《頌詩與歌謠》時，特地摘登了其中一首詩的片斷，詩中作者把對拿破崙的讚美放在了主導地位。

政治立場上向自由派的過渡在一定程度上使得他的浪漫主義思想更加成熟。詩人的思想一旦自由，立刻就像脫韁了的野馬，奔騰無羈。古典派的條條框框在他看來越來越不合時宜，他的作品越來越像他自己說的，「詩歌的田園裡沒有禁地」。

3

1827 年 10 月，雨果為諾迪埃的沙龍帶來了歷史詩劇《克倫威爾》（*Cromwell*）。在詩劇中他打破了古典主義虔誠信奉的三一律，摒棄了古典派慣用的雕琢粉飾的語言，用活生生的語言，不受任何限制地反映出當時的社會生活。

而比詩劇本身更為耀眼的是其前面的長序。

「在原始社會，人們對自然界的種種現象無法解釋，認為自然的威力是至高無上的，自然的奧祕是無窮無盡的。因而這些生活在原始社會的初民用任意馳騁的想像力創造了神，又對這自己創造的神頂禮膜拜。那時的詩歌都有奔放的想像和神幻的色彩，因而這時期的詩歌是抒情詩，以《聖經》的〈創世紀〉為代表。」

「人類的活動隨著社會的發展而漸漸豐富，人類間經常爆發衝突和戰爭，這時的詩是表現社會動盪的，因而由抒情詩轉化為史詩，以荷馬（Homer）的《伊利亞德》（*Iliad*）和《奧德賽》（*Odysse*）為代表。到了近代，基督教出現，人們認識到了靈與肉的雙重性，人性中的不同方面對立著、衝突著，表現人性雙重性的便是戲劇。它將善與惡、美與醜、真與假、光明與黑暗、歡樂與痛苦在作品中結合起來。因為戲劇追求的是真，它應該如同自然一樣，要全面地反映生活。」

「而古典主義卻把淚與笑,莊嚴與滑稽在作品中割裂開,這
是完全錯誤的。古典主義的三一律,要求在一個時間一個空
間裡展開一個劇情,這是十分不合理的。」

對於浪漫主義者來說,《克倫威爾序》無疑是一面旗幟,
雨果自然是當之無愧的重要人物。

雨果實在是個熱情而多產的作家,《克倫威爾》發表沒多
久,他的詩歌集《東方詩集》(les Orientales)又很快地與讀者
見面了。這是一本關於希臘和土耳其人民鬥爭的詩歌。在集子
裡雨果以豐富的想像力超脫東方與西方,對許多國度進行生動
的描繪,表現出詩人「自由」的觀點,呈現出斑斕的異國情調
和浪漫主義色彩。「在詩歌的田園裡沒有禁地。」這句話從此
奔流世界各地,印留在所有文學愛好者的腦中。

而對於當時法國的浪漫派來說,《艾那尼》(Hernani)
1830 年的 2 月 25 日在法蘭西劇院的上演比起《東方詩集》的
出版,可能更為令人難以忘懷。

戲劇開始的時間是晚上 7 點,而這天下午 1 點鐘,浪漫派
的青年軍就聚集在法蘭西劇院附近,他們大多蓄著長頭髮、絡
腮鬍子,穿著各式各樣色彩奇豔的服裝。他們一進場就占據了
樂池、二樓正廳和樓下的側廊等有利位置。

等到保守派觀眾進場時,他們發現自己已經處於對方的包
圍之中。

在全場充滿火藥味的氣氛中，首演開始了。

幕啟，老保姆在索爾小姐閨房中，忽聞敲門聲。她自語道：「這麼早，他就來了？一點也沒錯，那聲音肯定是從暗梯那裡來的。」開場第一句臺詞，就引得全場譁然。古典派認為不堪入耳，浪漫派卻掌聲雷動。老保姆開了門，蒙面的卡洛斯進來，一手拿金錢利誘，一手執利刃，逼她說出小姐和大盜幽會的祕密，然後藏入壁櫥。古典派認為不近情理，言語粗俗，而浪漫派卻極力喝彩。臨終場，艾那尼和索爾淚眼相對在凝重的號角聲中飲乾藥酒，雙雙自盡。保守派們不再叫囂，浪漫派們也不僅僅喝彩，所有人都被震撼了，太太小姐們早已淚眼汪汪，哽咽不止。

《艾那尼》首演取得了巨大的成功，並且在此後連演 45 場依然盛況不衰，而圍繞《艾那尼》的鬥爭更是蔓延到了外省。在圖盧茲，一個青年為了維護《艾那尼》在與人決鬥時死去。在凡恩（Vannes），一個騎兵排長臨終留下遺言，在他的墓石上銘刻下「這裡長眠著雨果的信徒」。

《艾那尼》雖然大紅大紫，但對它潑冷水的也不少。當時浪漫派的著名評論家聖伯夫（Sainte-Beuve）首先拒絕為《巴黎評論》（*The Paris Review*）寫關於《艾那尼》的文章；司湯達（Stendhal）對詩體戲劇提出了異議；甚至他的好友巴爾扎克（Balzac）也不欣賞，他認為詩劇的創作手法陳年老套，用詞華麗缺乏真實感。

但無論如何，《艾那尼》的巨大成功，標誌著浪漫主義對古典主義的決定性勝利。

至此，雨果在浪漫主義文學的道路上真正地邁開了步伐。從浪漫主義文學沙龍思想上的悄悄變化，到拜倫之死的公開顯現，再到《克倫威爾》的挑戰式宣言，後到《東方詩集》的自覺表達，而至於《艾那尼》的決定性勝利，雨果作為浪漫主義文學大師的地位已經奠定。而對於巴黎聖母院來說，雨果在文學上的這種成就導致的他對公眾的影響，直接催化了後來《鐘樓怪人》的誕生以及《鐘樓怪人》對於教堂本身產生的影響，包括教堂廣為人知的地位，包括教堂的社會內涵，也包括政府對教堂的修造。

阿黛爾與朱麗葉

1

從《頌詩與歌謠》起，至《東方詩集》，再到《艾那尼》，雨果在浪漫主義的路上越走越平順。在這種繁華下，誰都沒有注意到危機其實已經潛伏。

那還得回說到 1826 年，在《頌詩與歌謠》出版的同時，還誕生了他和阿黛爾的第一個兒子夏爾（Charles），以及他們之間愛情的第一次危機。當時，《頌詩與歌謠》在社會上引起了較大的反響，與之相關的評論文章鋪天蓋地。而在所有文章

中最讓雨果滿意的是聖伯夫寫的那篇署名為 S.B 的文章，於是
他決定登門拜訪。這次拜訪應該說是很愉快。雨果談笑自若，
見解精闢；聖伯夫妙語如珠，言語犀利，雙方交談甚歡。當時
的雨果怎麼也不會想到這位「頭顱大且圓，背脊明顯地佝僂，
說起話來結結巴巴的人」會在未來的日子裡攪亂他的生活。

三天後，聖伯夫決定回訪。而對於他來說，與這次的會面
相比，三天前的儘管融洽，仍顯得興味索然。那是他第一次見
到阿黛爾，他一輩子也忘不了那個情形：

> 「她身穿家常罩衫，卻光彩照人，於是，我趕緊把視線從她
> 轉向了他；我羞澀又惶恐，沐浴在光明中，全神貫注地聆聽
> 著那位大詩人依舊不可遏制地崇議宏論。」

而危機的催化則是在 1829 年。那整整一年，雨果每天都
忙碌非凡，他通宵達旦，夜以繼日地工作，為《艾那尼》聯繫
劇院和出版商而四處奔波。而《艾那尼》演出成功後，他就更
忙了，各式各樣拜訪雨果的人，各式各樣的論爭，都是紛至遝
來。有個名人丈夫的阿黛爾自然自豪，但風塵僕僕、終日忙碌
的雨果卻很少有時間和她相伴，寂寞感遠遠地壓過了自豪感。
而這個時候，聖伯夫的經常拜訪正好使她從寂寞中解脫，圍著
壁爐長談是他們那時最好的打發時光的方式。作為雨果的朋友
卻懷著對阿黛爾的這種熾熱情感，聖伯夫感到他的心「在欲望
的荊棘中受盡折磨」。

2

而對於這一切，雨果一無所知。他正忙著創作他的宏篇巨著《鐘樓怪人》。其實雨果與巴黎聖母院最重要的結緣很早就開始了。在他忙於詩歌戲劇創作，忙於浪漫沙龍的那段時間裡，正如我們前面所說，他還是照舊時不時地造訪巴黎聖母院。其實教堂是極為樸素的，裡面幾乎什麼裝飾都沒有，但每次面對著肅穆的聖母像，他的靈魂總會得到淨化，他的思想總能更加自由地飛翔。就是在這段時間裡，他在兩座塔樓之間的暗角上，發現了「ANNARKH」。沒多久他就和出版商定下了長篇小說《鐘樓怪人》的合約。這是他一次全身心投入的創作。在他的預設中，這將是一部關於人類、關於命運、關於歷史、關於苦難的宏篇巨著。他查了大量的歷史資料，想法也在艱難的探索，但進度一直很慢。再加上這段時間大量的詩歌戲劇創作，出版商最後不得不和他協商延期。儘管如此，時間仍是很緊迫，離交稿日差不多剩半年，雨果決定閉門謝客，埋頭著書。

伏案疾書的雨果，如果探身窗外，會發現空氣中的火藥味一天重似一天，一場巨大的政治風暴即將來臨。

查理十世原是流亡貴族的領袖，回來後，他仍一點都不汲取教訓，倒行逆施，人民怨聲載道。1830 年 7 月 25 日，也就是雨果寫下《鐘樓怪人》手稿最初幾頁的第一天，查理十世頒

布了四條敕令：解散剛剛選舉出的眾議院；新的選舉 9 月舉行；改變選舉法，選舉權只給予大土地所有者；期刊重新接受檢查，每 3 個月重新申請出版許可證，政府可隨時查禁。

　　敕令頒布後，民怨沸騰，而查理十世照常打獵、做彌撒，他不知道自己剛剛宣布的是一份自我死刑判決書。

　　7 月 26 日，資產階級政客和歷史學家梯也爾在《民族報》（*Nationale*）編輯部起草了一份抗議書，其中寫到「政府今天已經失去了合法性質，人們無須再服從它了」。許多自由黨人在這份抗議書上簽字。抗議書廣為傳發。政府查封了許多印刷廠，也無濟於事。7 月 27 日，工人、學生、市民，開始自發起義，大街上炮聲不絕於耳。經過 3 天的苦戰，7 月 29 日，三色旗終於在法國的上空飄揚，這就是歷史上所謂的「七月革命」。

　　在戰爭中，資產階級躲在凡爾賽，當人民攻下王朝的最後堡壘杜樂麗宮後，他們才走出避難所，決定承擔起領導的責任。奧爾良公爵路易‧菲利普（Louis Philippe）被推上王位，成為資產階級的國王。「七月王朝」開始，人民勝利的果實就這樣被竊取了。

　　由於《鐘樓怪人》的創作，雨果不只錯過了「七月革命」，最後還點燃了他和阿黛爾之間的感情危機。如果說聖伯夫和阿黛爾的感情在《艾那尼》籌備期間有了明顯的發展，那麼他們感情關係的加溫很可能就是在這個時候。

在這段日子裡，阿黛爾又懷孕並生下一個女兒 —— 小阿黛爾。狀況仍和一年前差不多，雨果依然忙得沒空照顧阿黛爾，而聖伯夫依然對之大獻殷勤。所不同的是雨果已經能隱隱地感覺到家中的不對勁。阿黛爾對他越來越冷淡，而對於聖伯夫則越來越熱情。

雨果心煩意亂，忍受著內心的煎熬，他把精力投入到創作中。繼《鐘樓怪人》之後，《秋葉集》（*Les Feuilles d'automne*）、《國王尋樂》（*Le roi s'amuse*）、《盧克雷齊婭·博爾賈》（*Lucrèce Borgia*）相繼面世。

3

朱麗葉·德魯埃（Juliette Drouet）就是在這個時候出現在雨果的生命中。朱麗葉是聖馬丁劇院（St. Martin's Theatre）的一個演員，對雨果仰慕很久。終於在《盧克雷齊婭·博爾賈》中她爭取到了一個二等角色：內格羅尼公主。朱麗葉十分珍惜，短短兩分鐘的戲，她演得既自然又嫵媚。

> 瑪菲奧：「友情並不能填滿一顆空虛的心，夫人。」
> 內格羅尼：「我的上帝！那麼要什麼才能填滿一顆心呢？」
> 瑪菲奧：「愛情。」

從排練到演出，朱麗葉與其說是在期盼瑪菲奧回答，不如說是在期盼雨果的愛情，她的眼神一刻也沒離開過雨果。這個

「秀髮上寶石千粒」的女演員讓雨果心潮起伏。

第二天雨果就為朱麗葉唱出了讚歌：

> 「在《盧克雷齊婭‧博爾賈》中有些二流角色，聖馬丁劇院用的是一流的演員。雖然他們的角色光線朦朧，他們卻表現得優美、忠誠，情趣高尚。作者在這裡感謝他們。在他們中間，觀眾尤其賞識朱麗葉小姐……她只有幾句臺詞，但她注入了很多才思……」

雨果在朱麗葉身上發現了驚人的美麗。除了花容月貌，還有阿黛爾已經拒絕他很久的妻子的溫存、家庭的歡愛，而更為重要的是她對詩歌的愛好和細膩的理解。對於雨果的詩稿，阿黛爾經常無動於衷，而朱麗葉卻對他的隻言片語激動不已。

為了讓朱麗葉有表現才華的機會，雨果特意為她寫了散文體戲劇《瑪麗‧都鐸》（*Marie Tudor*）、五幕詩劇《呂‧布拉斯》（*Ruy Blas*），但反響都不大。

戲劇演出的失敗並沒有影響兩人之間的愛情。從 1838 年開始，每年夏天雨果必定要帶上朱麗葉出去旅行。他們最常去的是萊茵河，「在所有的河流中，我最為鍾愛的是萊茵河……萊茵河，這是一條非常美麗的河流，一條封建時期的河流，一條共和國和帝國時代的河流，它不愧是法國和德國共有的河流……」和朱麗葉的萊茵之行促成了詩體劇《衛戍官》（*Les Burgraves*）的寫就。

1843 年，彗星回歸的那年，《衛戍官》在法蘭西劇院上演了，這是雨果第一次體驗到什麼叫徹底的失敗。這時候的法國劇壇有一種風氣，一齣戲上演，常有反對者的模仿作接踵問世，對其進行諷刺。《衛戍官》3 月 7 日首演，3 月 12 日到 3 月 23 日便有兩齣仿作出現在巴黎的舞臺，速度之快，令人驚嘆。至於報紙上的評論更是嘩聲一片，當時流行著一首關於這個劇本的打油詩：

「詩人仰望蒼天，向上帝發出哀怨，連星星都有尾巴，為什麼我的《衛戍官》沒有？」

更為雪上加霜的是，與此同時，古典派的作家的戲劇作品在上演時大獲全勝，古典主義似乎有復甦的跡象。

然而，厄運還沒有結束。9 月 4 日，這個黑色的日子在雨果的心上留下了永不癒合的傷口。這一天，和朱麗葉在庇里牛斯山長途旅行的雨果驚聞長女萊奧波爾迪娜（Léopoldine）意外死亡的消息，他感覺「他一半的生命在逝去」。回到巴黎，他和阿黛爾相對痛哭，夫妻兩人的關係在這種共患難中得到了奇蹟般的緩和。

這段時間是法國歷史上最不平靜的一段時間，也是雨果感情生活中最不平靜的一段時間，他一直處於與生命中最重要的兩個女人的感情糾葛中，儘管有幸福，卻也痛苦異常。值得欣慰的是《鐘樓怪人》的巨大成功。小說帶上教堂進入了世人

的視野，世界各個角落都有人在討論巴黎聖母院的嶄新社會內涵，法國政府開始重新審視巴黎聖母院的建築學價值、社會價值、宗教學價值，開始了對教堂的大規模修繕。於是巴黎聖母院就呈現出了我們現在所看到的樣子。

死生・苦難

1

《衛戍官》的失敗和愛女的突然離去帶給雨果很大的打擊。很長一段時間裡，他不寫詩也不到劇院，似乎有意無意想遺忘，或者說告別過去。

1846 年，是新經濟危機肇始的一年。葡萄病蟲害流行，給在法國經濟中舉足輕重的釀酒業以致命的打擊；馬鈴薯病蟲肆虐，使法國人生活中不可缺少的馬鈴薯減產約 25%；旱災導致豆類欠收；食物嚴重短缺，廣大民眾面臨著饑饉。農業災難又必然地危及工業，造成大量工人失業。經濟恐慌加劇了社會的政治動盪。僅在這一年裡就發生了兩起刺殺路易・菲利普國王未遂的事件。

4 月 16 日，國王一家乘著半敞篷馬車去楓丹白露宮遊玩，歸途中忽然響起兩聲冷槍，無人受傷，刺客被捕。刺客是一個被免職的王家森林看守人。6 月 8 日，案件提交到貴族院審理。

　　7 月 26 日夜晚，為慶祝七月革命 18 週年，杜樂麗宮花園舉行煙火晚會。又有人向坐在陽臺上觀賞的國王開了兩槍，兩槍均未打中。刺客當場被擒。這是個近似侏儒的新奇首飾商。8 月 25 日，貴族院開庭審理這次案件。

　　按照當時「七月王朝」的法律，犯有「弒君罪」必死無疑，而作為貴族院成員的雨果卻在猶豫。

　　在這段時間裡，30 幾年前巴黎街上的工地血流如注的情形，前往義大利途中乾枯的具具屍體在雨果腦中反覆浮現，帶著對世人悲憫的情懷，雨果感到自己十分直接而赤裸裸地面對死亡、苦難這些亙古不變的難題。

　　惡死意味著樂生，他反對一切於人類自由生命有礙者：死刑、戰爭、不平等。他的社會理想也如他的創作，一貫的浪漫美好：和平、平等、自由。

　　在他看來，人類的苦難源於社會問題的存在，「如果說他們（犯人）對社會有罪，那麼這社會對他們罪孽更大。」或許，政治能夠解決社會問題，能夠解救苦難，能夠成就人類的理想社會，這位作家帶著理想、滿懷悲憫開始了他的政治生涯。此後，風雲變幻的法國政治場上，始終能看到他為人民奔波的身影。他的政治傾向使他越來越靠近共和黨。

　　在這兩起刺客案的審理中，雨果站了出來公然與王朝法律對抗，反對死刑。他說：

「我對這種無可挽回的懲罰的看法，早在幾十年前就確立了。如果上天助我，作為政治家，我將付諸實踐。」

他支持建立殘老工人收容所，贊成通過新的「監獄法」；主張取消放逐波拿巴家族的法令，允許該家族的成員返回祖國……在審理拿破崙帝國時代任過要職的貴族議員的經濟罪案時，雨果表示：「對於不能令人信服地加以證明的罪案我毫無興趣。我生性傾向於無辜。」

沒有確切的歷史資料記載，不過可以肯定的是，雨果這種大悲憫形成的因素是綜合的，成長的經歷、偉大思想家的潛移默化、巴黎聖母院的宗教薰陶。畢竟宗教生於人類對自己生命的悲憫，也歸於這種悲憫。

2

繼 1846 年之後，1847 年法國農業又一次嚴重歉收，經濟危機愈演愈烈。

20% 的礦工、40% 的紡織工人以及鐵路等部門的大量工人失業，無產階級和資產階級之間的階級鬥爭急劇尖銳化。另一方面，金融集團獨攬大權，已成為國民經濟發展的障礙，廣大工商業資產階級奪取政權的呼聲日高，統治階級內部的矛盾日烈。

在這個背景下，選舉制度的改革成了矛盾鬥爭的第一個焦點。資產階級自由派和共和派一致主張降低選民納款額，實行

「100 法郎選舉資格」；不久前上任的內閣首相 —— 頑固保守的基佐（Guizot）不予理會。於是反對派決定仿效英國歷史的榜樣，展開一次「宴會運動」，與政府鬥爭。他們在人數眾多的宴會上藉舉杯祝酒之機發表演說，批評政府，宣傳改革。

1847 年 7 月 9 日，在巴黎的紅堡花園舉行第一次改革宴會；緊接著，各地紛起效尤，政治形勢緊張到了極點。同年年底，路易·菲利普卻在下議院發言，指責反對派的「極端錯誤的盲目熱情」。這無異於火上澆油。反對派決定 1848 年 2 月 22 日舉行一次更大規模的宴會，然後遊行去王宮和平示威。政府先發制人，於前一天宣布禁止宴會，組織者們竟毫無反抗地接受了禁令。

然而 2 月 22 日，富有改革傳統的巴黎人民自發行動起來，他們高唱《馬賽曲》（*La Marseillaise*），向波旁宮擁去。在這憤怒的人群裡有工人、學生、手工業者，有精力充沛的年輕人，也有步履蹣跚的老年人，許多婦女、孩子也加入了遊行的行列。人群中有個昂首挺胸、目光如炬的人，他高昂著頭，栗色的長髮在風中飄動，這個人就是維克多·雨果。

經歷了「七月王朝」法國的種種，他越來越發現君主制離他的社會理想很遠很遠，這個時候的他已經堅定地轉向共和黨。

人民的起義像火山爆發般凶猛激烈，三天之內，巴黎築起了 1,500 多個街壘。2 月 24 日，路易·菲利普不得不宣布隱退，他的孫子巴黎伯爵繼位，奧爾良公爵夫人攝政。

但這次，巴黎人民不再受騙了。他們衝進議會所在地波旁宮，強使議會選出臨時政府。第二天，在他們的威脅下，臨時政府又宣布法蘭西共和國誕生。

共和國成立後，雨果來到了王家廣場即現在的孚日廣場（Place des Vosges）為大家發表演說。他為「自由之樹」剪綵，並在演說中頌揚和平，頌揚象徵和平的自由之樹。在演講結束的時候，他高呼「全世界自由萬歲！世界共和國萬歲！」

5月，雨果當選為制憲議會議員。在致選民的公開信中，他闡明了自己的觀點。他說在他的想像中存在著兩個不同性質的共和國，「一個是恐怖的血腥的共和國，它將砸碎一切舊的機構，使富人破產，但也並不使窮人致富；在這個共和國裡監獄將人滿為患，然後又用殘忍的大屠殺把監獄倒空；這個共和國將使文明化為灰燼，使法蘭西暗無天日，使自由窒息，使文藝缺乏生機。」

而另一個共和國則標誌著不存在絲毫階級差別和地位差別的「全體法蘭西人的神聖的統一」。它建立在民主的原則基礎上，自由的鞏固無需依賴爭權篡位和使用暴力。在這樣的共和國裡，將會建立「自然而然」的平等和博愛。

雨果嚮往自由、平等，並且認為他們為之奮鬥的共和國能夠為大家帶來自由、平等，但是他想不到以後的事情完全超出了他的想像。

3

1848 年 12 月 12 日共和國舉行總統選舉，路易·波拿巴（Louis Bonaparte）在 700 萬張選票中獲得 560 萬張當選。

路易·波拿巴是拿破崙的姪子。1815 年拿破崙「百日」復位失敗後，7 歲的路易·波拿巴隨父親流亡到了瑞士。1836 年在瑞士伯恩（Bern）炮團任上尉的他，流竄到駐法邊境城市史特拉斯堡（Strasbourg）的第四炮兵團，企圖發動該團舉行擁立他復辟帝制的政變，陰謀敗露，他當場被捕。「七月王朝」政府把他放逐到美洲，他不久又溜回瑞士，並在法國邊境頻頻鬧事。

1840 年，他在法國海岸重新登陸，妄圖舊戲重演，結果卻重蹈覆轍，再一次被捕入獄，不久又喬裝越獄。出獄後，他的擁護者把他描繪成所謂「叛逆的流亡者」。路易·波拿巴曾在監獄裡寫過一本談論貧困的書，於是他的擁護者就大肆宣揚，不斷鼓吹，認為他是個「有民主思想的親王」。

這些矇騙了很多人，包括雨果。雨果對於拿破崙始終是歌頌的。但是，波拿巴當選之後，反革命的面目立刻就暴露了出來。

君主政體時期掌權的那些人，在共和國的國民議會中又當上了首領；那些自稱「秩序黨」的部長、貴族、將軍、銀行家等還是些保皇黨人、波拿巴主義者、奧爾良分子；1849 年春天，

共和國軍隊勾結歐洲的反動勢力鎮壓了羅馬革命；1850 年 5 月，當局限制普選權，規定在所屬市鎮住滿 3 年以上的納稅人才有選舉的權利；1850 年 7 月，當局限制報刊自由。

一連串的事件使雨果關於共和國的美夢徹底破滅，他於是成了波拿巴實現野心的極大障礙。

1850 年 12 月 2 日，總統發動政變，解散國民議會。當天國民議員召開了商討會議，制定了一個反政變的行動計畫。第二天，由雨果口述、其他議員做記錄的〈告人民書〉貼滿了巴黎的大街小巷。與此同時，政府的新告示也鋪天蓋地：「軍事部長茲根據特別戒嚴法令決定：凡持槍構築或保衛街壘者一律格殺勿論。」

沒多久，在波拿巴的槍林彈雨中，反政變失敗了。波拿巴決心除掉雨果這個巨大的障礙，他懸賞 25,000 法郎買雨果的人頭。

12 月 11 日晚，穿著黑色粗呢大衣、戴著黑色鴨舌帽、手提黑色提箱，雨果登上了去布魯塞爾的火車，開始了長達 19 年的流亡生涯。正是巴黎聖母院使他更為悲憫，使他更加關懷人類，使他形成自己的社會理想，使他做出這一系列的政治舉動，然而，卻也是他的這種悲憫、這種社會理想、這一系列舉動使他無法踏進巴黎聖母院。

流亡的歲月

1

就在雨果流亡的第 2 年，路易‧波拿巴稱帝，建立法蘭西第二帝國，自稱拿破崙三世。一個雙手沾滿人民鮮血的罪犯，戴上了皇冠，威風凜凜地坐到了皇帝的寶座上，把正義和法律踐踏在腳下。

儘管流亡在外，但雨果仍然時常坐在窗前，遠眺祖國，凝望巴黎上空的月圓月缺。他懷念那些在巴黎聖母院做禮拜的日子，常常在腦中勾畫著聖母院的一梁一柱：聖母院南北那兩座鐘樓後面是座高達 90 公尺的尖塔，巍峨入雲，塔頂上細長的十字架，遠望似與天穹相接。只要是祖國的一切，他都以最大的熱情在關注。1852 年《一樁罪行的始末》、《小拿破崙》（*Napoléon le Petit*）「像一顆炸彈一樣落地」，路易‧波拿巴的醜惡嘴臉暴露在大庭廣眾之下；1853 年的《懲罰集》（*Les Châtiments*），他振臂高呼，用一行行詩句把共和國的罪人釘在歷史的恥辱柱上；而 1862 年的《悲慘世界》（*Les Misérables*），他更是將目光直接投注到法國下層民眾，投注到人類的生死、苦難問題。

他在序言中寫道：

「只要法律和習俗所造成的社會壓迫還存在一天，在文明鼎盛時期人為地把人間變成地獄，並且使人類與生俱來的幸運遭受不可避免的災禍；只要本世紀三個問題——貧困使男子潦倒，飢餓使婦人墮落，黑暗使兒童羸弱——還得不到解決；只要在某些地區還可能發生社會的毒害，換句話說，同時也是從更廣的意義來說，只要在這世界上還有愚昧和困苦，那麼，和本書同一性質的作品都不會是無用的。」

對於人本身，雨果可能愛得太深邃，他的社會藍圖可能太理想，所以他的《悲慘世界》對社會的指控是那麼強烈。而這一切似乎已經溢出資產階級所能容忍的範圍了，正如評論家所說的：「雨果先生並沒有寫出一部社會主義論文，但他寫了一部比社會主義論著還要危險的東西，這種危險遠遠超過了我們憑經驗所知道的範圍。」共和派也開始不滿雨果的「過激」。前法蘭西第二共和國臨時政府首腦拉馬丁（Lamartine）說過，他要「捍衛社會這雖不完美但卻神聖和必要的事物免受一位朋友的損害」，因為這位朋友「指控社會」，「把想像的人物變成社會的敵人和犧牲品」。拉馬丁還指出：「向民眾灌輸的最致命、最可怕的熱情，就是對不現實事物的熱情。」

雨果對此做出了回答，他說：

「如果理想就是過激，是的，我是過激派。是的，在各方面我都理解、希望和呼籲更好的事物。更好，儘管那句『更

好，是壞的朋友』的話對它加以否定，但它並不是好的敵人。一個容忍貧困的社會，一個容忍地獄的宗教，一個容忍戰爭的人類在我看來是一個低級的社會、低級的宗教和低級的人類，我追求的是一個高尚的社會、高尚的人類和高尚的宗教 —— 沒有君主的社會，沒有國界的人類，沒有經書的宗教。是的，我抨擊販賣謊言的牧師和推行不義的法官。消除寄生現象從而普及所有權（而非廢除所有權），也就是要達到這樣一個目標：一切人都成為所有者，沒有任何人是主人。在我看來，這才是真正的社會政治經濟學。目標遙遠。難道這能成為不向目標前進的理由嗎？我再概括地複述一下：既然人們可以希望，那麼我希望摧毀人類的宿命，我譴責奴役，我驅趕貧困，我教育無知，我醫治疾苦，我照明黑夜，我痛恨仇恨。我就是這樣的人，這就是我為什麼要寫《悲慘世界》。在我的思想中，《悲慘世界》不是別的，是一本以博愛為基礎，以進步為頂峰的書。」

可以說到此為止，雨果已完全確立他自己的思想體系。正如 1824 年拜倫的悼念詞標誌著他的浪漫文學理想的正式確立，這次的申辯詞是他浪漫主義社會理想的完整宣言。這個時候的他視野範圍已經遠遠不止在法蘭西，而是擴散到全人類。

1860 年，當雨果得知英法侵略者縱火焚燒了圓明園後滿腔義憤。他義正辭嚴地寫道：「法蘭西帝國從這次勝利中獲得了一半贓物，現在它又天真得彷彿自己就是真正的物主似的，將圓

明圜輝煌的掠奪物拿出來展覽。我渴望有朝一日法國能擺脫重負，清洗罪責，把這些財富還給被劫掠的中國。」

1862 年，法軍遠征墨西哥。墨西哥人民奮起抗擊，他們用法文、西班牙文印了大量的報刊，報上引用了許多雨果的《小拿破崙》中的章節。雨果知道後說：

「只要我的文字能引起世界走向和平，那你們就儘管用吧。」

1865 年，在《海上勞工》（*Toilers of the Sea*）中，雨果用悠遠神祕的海上傳奇控訴了教條、法律、自然這三種人類桎梏中的第三種。

1869 年，世界和平大會在洛桑（Lausanne）召開，雨果被選為洛桑會議的主席，他在會上致了開幕詞和閉幕詞。他說：「我們希望人與人之間、民族與民族之間、人種和人種之間、兄弟和兄弟之間、亞伯（Abel）和該隱（Cain）之間的和平。我們希望仇恨得到廣泛的平息。」

2

在雨果為世界呼籲和平的時候，雨果自己家裡並不平靜。1863 年，他的女兒小阿黛爾為情遠走美洲；1867 年 5 月，他的第一個孫子喬治夭折；1868 年 8 月，他的妻子阿黛爾中風去世。

雨果感到自己越來越老，狐死首丘，眺望著遙遠的巴黎，

無數次午夜夢回，他都徘徊於聖母院的那個螺旋型樓梯旁。他不知道其實這個時候故鄉離他並不遠了。

1870 年代，歐洲上空布滿了不祥的陰雲，空氣中的火藥味越來越濃。1868 年西班牙革命後，伊莎貝拉（Isabel）女王被罷黜，普魯士國王的堂弟霍亨索倫（Hohenzollern）即將繼位。普法兩國一直有稱霸歐洲的野心，霍亨索倫的繼位無疑大大加強了普魯士的實力，而對法國構成極大的威脅。

7 月 15 日，一群拿破崙主義的爪牙走上街頭狂呼大叫「打倒柏林」。7 月 19 日，當雨果在屋前種下一棵象徵友誼的橡樹時，法國正式向普魯士宣戰，一場血腥的戰爭開始了。法國軍隊虛張聲勢，色屬內荏，而普魯士軍隊卻士氣高昂，他們在人數和武器裝備上處於絕對優勢。雙方一交戰，法軍就被打得落花流水，潰不成軍。9 月 1 日，10 萬多法軍連同拿破崙三世本人在色當（Sedan）要塞作了普魯士的俘虜，法國政府骯髒的行徑使法國人民蒙受了奇恥大辱。

三天後，數萬法國人民走上街頭，他們高呼著「打倒帝國！」、「共和國萬歲！」的口號，排山倒海地擁入立法團會議廳。他們強烈要求廢黜皇帝，成立共和國。資產階級共和黨人掌握了臨時國防政府的大權，人民還是被排除在外，但是共和國畢竟成立了，人民的愛國熱情淹沒了整個法蘭西。

「共和國歸來的日子，就是我返回祖國的時刻」，這是雨果

在流亡中曾經說過的話。現在，他終於回到了魂牽夢縈的塞納河邊看河水起起落落，終於再次來到巴黎聖母院聆聽聖詩班的歌唱。回到巴黎後，拜訪雨果的人絡繹不絕，但他都拒絕了。他最關心的是如何讓戰爭平息，如何讓和平的號角響徹整個歐洲。他拿起自己的武器——筆和紙，寫下了〈致德國書〉：

「德國人，一個朋友在對你們講話……為什麼要侵犯呢？為什麼要野蠻地進攻一個兄弟民族呢？我們有什麼對不起你們的嗎？難道這場戰爭是我們發動的嗎？帝國才要戰爭，現在帝國滅亡了，我們跟這具僵屍沒有任何共同之處……」

然而德國人卻對它置之不理，有的報紙甚至還叫囂：「把詩人吊起來！」語言的力量無法使德國人放下屠刀，雨果於是又發表了〈告法國人民書〉，號召法國人民拿起武器，把侵略者趕出家園。

法國人民反抗侵略的怒火燃燒了起來。在雨果的鼓舞下，幾 10 萬人拿起武器，投入戰鬥，數以萬計的人拿出錢財，傾其所有支持戰鬥。儘管人民英勇作戰，但敵人還是步步逼近。法國政府非但沒有命令軍隊奮力抗擊，反而調轉槍頭，把槍口對準人民大眾。

1871 年 1 月 21 日，法國政府與德國簽訂了喪權辱國的和約，割讓亞爾薩斯和洛林。1 月 28 日，法國和德國簽訂了停戰協定。

2月8日，法國舉行了國民議會大選，雨果當選為議員。在波爾多召開的會議上，雨果做了題為「為了目前的戰爭，為了未來的和平」的演講。他堅決反對割地求和。他希望法國能夠安寧，更希望和平之聲能夠在整個歐洲上空迴蕩。但他的慷慨陳詞卻被一片咒罵聲淹沒。雨果望著臺下敵視的眼睛，知道他的呼籲毫無意義，當場遞了辭呈。3月18日，他回到布魯塞爾。

在布魯塞爾的報紙上，雨果看到了巴黎翻天覆地的變化：1871年3月18日，由民眾自行組織的巴黎公社革命爆發。起義者們占領了蒙馬特（Montmartre）高地，以梯也爾為首的反動政府驚惶失措地逃離巴黎前往凡爾賽避難，無產階級有史以來第一次掌握了政權。

5月，梯也爾政府捲土重來。他們對公社社員大肆殺戮，政府軍在麥克馬洪（Mac-Mahon）的帶領下揮動鐵拳。他們的鐵蹄所到之處，人民血肉模糊，屍橫遍野。巴黎公社革命在政府軍的獰笑聲中宣告失敗。

8月，梯也爾被任命為「法蘭西共和國總統」。與此同時，雨果再次回到巴黎。這時候的他已經老態龍鍾，但他對人民的熱情仍然絲毫沒有減退。

1872年，《九三年》（*Ninety-Three*）以法蘭西資產階級革命為背景，雨果再度向讀者宣揚了他的人道主義思想；1878年6月，雨果高坐在主席臺上，大聲呼籲：

「巴黎公社的社員們還在受煎熬，我們要求無條件的赦免。
沒有赦免，就沒有全體人民的真正的歡樂！」

1879 年，共和派在參議院選舉中獲得多數，儒勒‧格雷維
（Jules Grévy）任共和國總統。就在這一年參議院的講壇上，
雨果再次為大赦大聲疾呼。

3

這位老詩人終生為自由、平等、和平呼籲，為人類的幸福
奔走，但一切的善意仍然挽回不了他生命的一點點的逝去。
1883 年秋天，朱麗葉離開了人世，死前她在小紙條上含淚寫
道：「親愛的，最親愛的，我不知道明年此刻我將身在何處，但
我感到幸福和驕傲的是，我可以用一句話來向你表達，我的一
生已經證明了：我愛你。」

這麼多年來的風風雨雨，朱麗葉始終相隨，特別是阿黛爾
死後，她更是和雨果生死相依：幫他謄抄手稿，照顧他的生活
起居，陪伴他每個失眠的晚上。送走朱麗葉，雨果覺得自己像
一隻失伴的孤鴻，獨自在空曠的原野上不斷哀鳴。1884 年 6 月
初，在完成了《歷代傳說》（La Légende des siècles）系列的初
版後，雨果知道自己即將與他這一生摯愛的兩個女人團聚了。8
月他立下遺囑：

「我要把 5 萬法郎送給貧窮的人，我希望用窮人的送葬車把
我送向公墓，我拒絕一切的教堂祭禱，我信仰上帝。」

1885 年 5 月 22 日下午 1 點 30 分，守候在雨果身邊的人把
壁爐上的鐘撥停，19 世紀的一顆巨星在這個時刻隕落。法蘭西
政府決定為雨果舉行規模盛大的國葬。

5 月 31 日，凱旋門（Arc de Triomphe）附近的星型廣場
上搭起了一座巨大的靈臺，靈臺全身黑色，臺的中間寫著兩個
大寫字母 V.H.，字母下是一個熠熠閃爍的國徽；靈臺下鮮花堆
積如山；靈臺周圍，排列整齊的儀仗隊不分晝夜地守在廣場上。
6 點，雨果的遺體被裝上靈車。靈車簡陋粗糙，車上沒有任何顯
眼的裝飾，一如雨果的吩咐。

巴黎聖母院響起的鐘聲一如 81 年前那樣深沉悠遠，靈車
上，上帝的孩子也羸弱的一如當年的搖籃中，只是在這一生一
死間，巴黎聖母院改變了很多，文學界改變了很多，思想界改
變了很多，整個法國乃至整個世界改變了很多。

雨果浪漫地穿行於這個驚濤駭浪的年代，憑他浪漫的理
想，用他浪漫的詩篇，他企望著一個浪漫的社會：

沒有戰爭，沒有貧窮，沒有苦難。但如果雨果泉下有知，
回望他死後的法蘭西第三共和國，他或許會感到失望，法蘭西
接下去的歲月似乎沒有他想像中的平靜。

去法國似乎必去凱旋門，這座高 50 公尺、寬 45 公尺的拱門凝聚著拿破崙時代的榮光，但在這一章，我們卻不願意談拿破崙，僅僅距離凱旋門的所在地 —— 戴高樂廣場（Place Charles de Gaulle），才是我們這段往事之旅的目光所注。

　　戴高樂廣場又名星型廣場，廣場周圍有 12 條發射形的大路環繞，香榭麗舍大道的盡頭就在這裡。對戴高樂廣場作這樣的描述似乎出於習慣。建築，映入眼簾的總是這樣一些表層，事實上我們要的卻不僅是這些表層。

　　戴高樂廣場也是。與其說吸引我們的是建築本身，倒不如說是使其因之得名的人物 —— 戴高樂將軍在召喚我們探尋那段傳奇，那個傳奇時代，那個傳奇人物。因此，我們在這一章不願意多談這個廣場，這個廣場在建築學、旅遊業上的意義遠遠不如戴高樂在法國史上的意義。對於我們來說，這個廣場不過是我們走進那段歷史的一個切入點，一個契機。如果關注點在於景點，那麼在本章讀者們將要失望了，因為本書的意圖是在「往事」，我們瀏覽的不僅是法國斑斕的風光，更為重要的，我們期盼在風光的暢遊中暢遊法國的歷史，體味古老的法蘭西走過的那段歲月。

　　戴高樂生於 1890 年的法蘭西第三共和國。還是先從法蘭西第三共和國講起，那是我們的主人公發出吶喊的時空。

　　這個共和國從其建立伊始就危機迭起。

　　1889 年布朗熱（Boulanger）危機，波拿巴主義者和保皇分子重新活躍，黨派鬥爭激烈；1888 年 12 月～1893 年 3 月巴拿馬運河（Panama Canal）事件，政府要人大量更新，克里孟梭（Clemenceau）暫時隱退，巴爾多（Bardos）嶄露頭角；1894 年 3 月～6 月，無政府主義者謀殺案接連發生，薩迪・卡諾（Sadi Carnot）總統在里昂遇刺身亡；1894 年～1899 年屈里弗斯事件（Dreyfus affair），宣揚國家主義和排猶主義的動亂加劇，「左翼集團」形成；1904 年，「祕密檔案事件」，孔布（Combes）內閣倒臺；1907 年，公務人員罷工、南方葡萄酒產區農民暴動，社會問題凸顯；至於 1914 年～1938 年，法國更是不平靜，第一次世界大戰幾次最艱巨的戰役都是在法國領土上進行，從法蘭德斯、阿圖瓦、皮卡爾迪、香檳、洛林直到亞爾薩斯的廣闊地區變成了一片焦土。還沒從一戰的創傷中喘過氣來，1939 年，第二次世界大戰又爆發了。

　　1939 年 9 月 1 日，希特勒（Hitler）德國入侵波蘭。法國未能有效援助波蘭，從 1939 年 9 月起到 1940 年 5 月，法國陷入了一場「奇怪的戰爭」中。德軍待在齊格菲防線（Siegfried Line），沒有在西線採取任何軍事行動，而法軍則躲在馬奇諾防線（Maginot Line），宣而不戰。巴黎歌舞昇平，一派太平景象。5 月 10 日，希特勒發動閃電戰，入侵荷蘭、比利時。接著德軍繞過馬奇諾防線，向法軍大舉進攻。法軍總司令部墨守

成規，昏聵無能，指揮連連失誤。法軍節節敗退，德軍長驅直入，兵臨巴黎城下。法軍總司令部宣布巴黎為「不設防城市」。法方士無鬥志，潰不成軍。政府被迫遷都都爾，緊接著又遷往波爾多。6 月 14 日，德軍兵不血刃，占領了巴黎。6 月 16 日晚，法國主和派代表人物貝當（Pétain）元帥出任總理，次日宣布：

戰鬥必須停止，向德軍乞降。

法國處於亡國的危險中。

6 月 18 日下午 6 點，倫敦廣播電臺突然播出一個異常陌生的法國人的聲音，這個法國人以鏗鏘有力的聲音莊嚴宣告：

「這是最終的結局嗎？我們是否必須放棄一切希望呢？我們的失敗是否已成定數而無法挽救了呢？我對這些問題的回答是：不！」

「我是根據對於事實的充分了解在說話，我說法國的事業沒有失敗，我請求你們相信我。使我們失敗的那些因素，終有一天會使我們轉敗為勝。」

「我是戴高樂將軍，我現在在倫敦，我向目前在英國土地上和將來可能來到英國土地上的持有武器或沒有武器的法國官兵發出號召，我向目前在英國土地上和將來可能來到英國土地上的軍火工廠和一切工程師和技術工人發出號召，請你們和我取得聯繫。」

「無論發生什麼事，法國抵抗的火焰不能熄滅，也絕不會熄滅。」

　　這就是夏爾・戴高樂，這就是戴高樂著名的「618 宣言」。戴高樂將軍從此與法國的歷史結下了不解之緣。「618 宣言」飛揚在法國人心裡，所有法國人心中，重新燃起希望的火焰，人們似乎看到潰敗後第一面不屈旗幟高高升起，上面寫著兩個大字：「抵抗。」然而這個時候的人們對於這位將軍還茫然而無所知，更不會想到，將來會有個戴高樂廣場矗立巴黎城內。

　　下面我就與您一起走近這位將軍，走近法國的那段歷史，也走近我們的戴高樂廣場的深處。在某種程度上，那是法蘭西的一種榮耀和象徵，也是法國人靈魂的一塊高地。

　　1890 年 11 月 22 日，戴高樂出生於里耳的一個天主教愛國主義家庭，他的父親亨利・戴高樂（Henri de Gaulle）出身於一個法學知識分子家庭，是一位受人尊敬的文學和歷史教師，他的母親讓娜・瑪約（Jeanne Maillot）出身於北部工業資產階級家庭，是一個「對祖國懷著不屈不撓的熱情」的女性。戴高樂在他的《戰爭回憶錄》中是這麼描寫他的家庭的：

> 「我的父親是個有見解、有學問、思想正統、視法蘭西尊嚴高
> 於一切的人。是他讓我對歷史產生了興趣。我的母親對於祖國
> 有著堅定不移的熱愛之心，這與她對宗教的熱情不相上下。」

　　戴高樂可以說是在諸如屈里弗斯事件、普法戰爭的討論中長大的，強烈的民族主義情緒的薰陶使得這位「小巴黎里耳人」視軍隊為「世界上最偉大的事情之一」，並選擇了從事軍職。

1909 年，他被聖西爾軍校（École spéciale militaire de Saint-Cyr）錄取，與未來的朱安（Juin）元帥為同窗。軍校的學生首先應了解軍隊，戴高樂選擇了步兵，認為步兵在戰爭中最直接接受戰火的洗禮，因此最具有「軍事」味道。於是，他來到駐阿拉斯的第三十三步兵團，在當時的貝當上校手下擔任學生軍官。 1912 年 9 月，戴高樂從軍校畢業，考試名列第 13，得到的評語是：

「一個未來的優秀軍官。」

畢業後他重返阿拉斯第三十三步兵團，並參加了第一次世界大戰，期間他三次受傷。他的第三次受傷是在 1916 年杜奧蒙（Douaumont）的凡爾登戰役中，這一次他中毒氣昏迷淪為敵軍的俘虜，從此開始長達 32 個月的監禁生活。在獄中戴高樂沒有虛度光陰，他閱讀了大量的書刊加深對德國的了解，他還就戰爭進展形勢多次舉辦戰略和地緣政治講座，他多次試圖逃跑重返前線，但他 5 次越獄，5 次被俘，每一次都被關進堡壘或懲罰營。

1918 年戰爭結束之後他終於返回家鄉，但又迫不及待地重上戰場：1919 年～ 1921 年作為志願者在波蘭執行軍事任務並大獲全勝；1925 年在貝當元帥參謀部擔任最高戰爭委員會副主席；1927 年被派往特雷夫（Trèves）任營長；1931 年，他在巴黎的國防部總祕書處任職。在此期間，在貝當元帥的許可

和支持下，他還發表了許多文章，並在軍事學院舉行了多次報告會。他的獨立思想逐漸顯現出來，並提出軍隊首領應該具有「行動果敢」和「有個性」的素質。

1924 年在他的處女作《敵人內部的傾軋》（*L'Ennemi et le vrai ennemi*），對德國的國情、民情、軍情和德國戰敗的原因做了深刻的分析，並對德、法兩個民族進行了對比，表明法蘭西顯然比德意志優越，他認為德國人「生性好高騖遠，狂熱擴張個人權利以至於不惜任何代價，而且對人類經驗、常識和法制的約束根本不屑一顧。」

1932 年戴高樂的第二部著作《劍鋒》問世。該書主要論述領袖人物應具備的品質和軍人與政治的關係。他認為，領袖人物應處於超脫地位，保持「神祕感」，「藏而不露」，「令人捉摸不透」，甚至故弄玄虛，「使人們相信你在你並不在的地方，相信你要你並不要的東西」；領袖人物還要出奇制勝，「必須保留某些隨時可以拋出來的驚人祕密」。他主張下級在接到錯誤命令的時候，為了更高的利益可以不服從。他認為軍隊不應參與政治，但如發生全國性危機，軍隊領導人物則應挺身而出，挑起治理國家的重擔。這可算得是戴高樂最重要的早期著作。其所以重要，與其說是作品本身的價值，不如說是它反映了戴高樂後來身體力行的領導哲學和政治手腕，是他後半生所作所為的絕妙寫照。

僅僅做這樣的羅列，我們已經不能不驚嘆這是個傳奇，沒有人能如此熱衷於戰場，能夠如此頑強地戰鬥。而事實上如果僅僅將戴高樂理解為一個戰士，或者說一個勇猛的戰士，那麼只能說這種理解是狹隘的。對於戴高樂來說，我們除了從法蘭西，從法蘭西精神這個角度，我們沒有更好的理解辦法，對於他來說他一生的事業就是法蘭西，為法蘭西而生，為法蘭西而活，甚至可以為法蘭西而死。

　　在他的一生中，他所有的一切都是為了始終如一地號召他的人民去攀登「高峰」，雖然這些「高峰」只是隱約可見或朦朧難辨的。但對他來說，這並不重要，重要的是讓人民自己覺得是在攀登，他認為只有這樣，這個國家才能變得偉大。他曾經說過：「法國只有在從事一個偉大的事業時，才能顯示它的真正面目。」他把自己看成是法國的化身，他的責任是奮發法蘭西精神。所以，對於他自己來說他不能僅僅是個戰士、軍事理論家、政治家、甚至「行為藝術家」，他都在嘗試。

　　軍政場上風雲變幻，他的一生種種，點點滴滴對於凡人俗世，都是一部傳奇，都是一本童話，只能翻閱，只能遙遙驚嘆。而傳奇種種，短短篇幅何能細說？能做的或許只是管中窺豹，所以我們僅僅簡選戴高樂一生三個階段中最為傳奇的三個片段。

法蘭西火焰永燃不息

1

認識戴高樂是在二戰，我們還是從二戰講起，這是個頑強的抵抗者，是法蘭西靈魂永燃不息的火焰的看守人。

1933 年，希特勒德國崛起，蠢蠢欲動，歐洲籠罩著新的戰爭陰影。在這種形式下，法國國內儘管主戰、主和兩種觀點針鋒相對，但軍事當局以貝當元帥為首，更傾向於消極防禦戰略，馬奇諾防線就是這種理論的歷史見證。

當時的戴高樂還是個名不見經傳的軍人，他對於當局的態度表示了極度的不滿，希特勒讓他看到了擺在法國面前的只有一條路 —— 抵抗。而至於如何抵抗，他吸收當時英、德一些比較先進的軍事理論加以提高和發展，形成一套以機械化部隊為主體的積極防禦的戰略思想。

1934 年 5 月，戴高樂發表《未來的軍隊》一書，系統性闡述這種戰略思想。他在書中強調，法國四周缺乏天然屏障，法、比邊界尤為薄弱，易受外敵侵犯。巴黎更是無險可守。在現代戰爭條件下，要保衛法國，防線再堅固也無濟於事。唯有由專業軍人組成的、具有高度機動性的機械化部隊，實施積極防禦，方能有效地迎擊來犯之敵，確保法國安全。

這種主張與法軍總參謀部和軍界元老們的消極防禦思想格

格不入。一些軍界和政界要員紛紛出面反對這種離經叛道之說。國防部長甚至對戴高樂喊：「閉嘴，戴高樂。只要有我在，就沒有你的出頭之日！」

面對法國軍政當局的冷遇和敵視，戴高樂並沒有灰心。他自知自己人微言輕，竭力在政界要員中物色知音。他想透過議會走廊，影響政府決策。

1934年12月，他經人介紹結識了擔任過財政部長的獨立黨議員保羅·雷諾（Paul Reynaud），兩人談得十分投機。他認為雷諾「特別適合做這項工作。他的智慧足以吸引輿論，他的才能足以促進事情的實現，他的勇敢足以戰鬥到底。此外，他雖然已經是一個聲譽卓著的人物，仍然使人認為他還有更為遠大的前程。」雷諾在回憶錄中寫道：

> 「他要求我在國民議會為他的主張說話，態度十分懇切，他甚至表示：除了您，我不找任何人。」

1935年3月，雷諾利用議會辯論延長兵役期的機會，為戴高樂的觀點辯護，抨擊單純依靠馬奇諾防線而不採取其他積極措施的錯誤做法，建議最晚在1940年4月15日前建立由簽訂合約服役的軍人，組成10個機械化師。然而這個議案未獲通過。

戴高樂鼓吹建立職業軍，被軍界視為異端邪說，甚至影響他作為軍人的前程。1936年，按他的工作成績和能力，本應提升為上校，結果卻未被列入晉級名單。雷諾會見當時的國防部長達拉

第（Daladier），為戴高樂抱不平。達拉第冷冷地表示：「戴高樂也許是個有能力的人，不過他沒有什麼戰功，充其量只能當個校級軍官。」過後，原因未明，達拉第還是把戴高樂提為上校。

1937 年 7 月，戴高樂調離最高國防委員會祕書處，被任命為駐梅斯第 507 坦克團上校團長。這次調動，名義上是提升，實際上是在調虎離山，使他遠離巴黎，無法進行遊說活動。他抱怨：

> 「我是在一種難以忍受的騙局中扮演著我的角色……我所指揮的幾 10 輛輕裝甲車不過是一堆泥巴而已。」

歐洲的戰爭危機日益深重，戴高樂眼看著德國國防軍的坦克師接二連三地建成，而法國統帥部仍然醉心於馬奇諾防線，他心急如焚。他曾經對妻舅雅克·旺德魯（Jacques Vendroux）說：「法國將無力自衛……我國領土將再一次遭受侵犯。敵軍幾天的時間就能直搗巴黎，而我們將不得不從布列塔尼或從中央高原，甚至從阿爾及利亞（Algeria）進行反攻，同盟國並肩作戰漫長的歲月方能取得最後勝利，但這將付出何等重大的犧牲啊！」

他不甘沉默，在帶兵之餘，繼續著書立說。1938 年《法國及其軍隊》一書問世。用他自己的話來說：

> 「這便是我在卑微的地位上，當大難臨頭的前夕，向我國提出的最後一次忠告。」

2

　　1938 年 3 月，希特勒德國吞併了奧地利，9 月 29 日，英法
與德國簽訂了出賣捷克斯洛伐克（Czechoslovakia）的慕尼黑
協定（Munich Agreement）。戴高樂堅決反對慕尼黑協定，
認為這是「投降」和「屈辱」，痛恨「許多傻瓜竟然為慕尼
黑事件喝彩」。他預見到綏靖政策（Appeasement）必然助長
希特勒得寸進尺的野心，戰爭不可避免。1938 年耶誕節，他給
好友的信中指出：

> 「我們將面臨一個十分動盪的 1939 年，如果不是血雨腥風
> 的話。」

　　果然，1939 年 3 月，德國吞併了整個捷克斯洛伐克。9 月
1 日，德國對波蘭發動閃電戰，機械化部隊與空軍配合，長驅直
入，所向披靡。9 月 17 日波蘭政府逃往羅馬尼亞（Romania）。
9 月 3 日，法、英根據法波盟約和英波軍事同盟向德國宣戰。當
時德國把大部分兵力投入波蘭戰場，特別是坦克和飛機，在西
線僅留 23 個師。法英兩國居然按兵不動，保持「西線無戰事」
的局面，坐視德國侵占波蘭。德國最高統帥部作戰處長約德爾
（Jodl）將軍戰後在紐倫堡國際軍事法庭（Nuremberg Trials）
作證時說：

「如果說我們在 1939 年沒有崩潰，那是由於在波蘭戰役期間，西線法國和英國將近 110 個師完全沒有用來與德國的 23 個師作戰。」

法國軍政當局未從德國對波蘭進行閃電戰中汲取教訓，依然信奉消極防禦戰略，一心依仗馬奇諾防線。總參謀部祕密報告斷言：「德國在波蘭使用的作戰方法適合於波蘭的特殊情況……在西線，作戰則將是另一件事。」

在希特勒揮師西向之前，戴高樂做了最後一次努力，敦促法國軍政當局改弦易轍。1940 年 1 月 26 日，他向最高統帥部和政府的 80 位要員送了一份備忘錄，他大聲疾呼：

「法國人民無論如何必須打破這樣一種幻想，即認為目前軍事上的靜止狀態與現代戰爭性質是協調的。」

但戴高樂的努力又一次徒勞。

1940 年 3 月 21 日，法國議會推翻簽訂慕尼黑協定的達拉第內閣。在決定國家命運的考驗即將來臨的前夜，法國需要一個像「老虎總理」克里孟梭在1917年所說的堅定的「主戰派」來挑起戰爭的重擔。而當時只有原財政部長保羅‧雷諾勉強有資格。戴高樂滿心希望雷諾組閣，以期大刀闊斧刷新國防，實施他為之奔走呼號多年的機械化部隊計畫。然而雷諾新政府並未能驅散籠罩著巴黎的綏靖主義迷霧。

雷諾雖然在過去的十年間七次出任部長，聲譽卓著，但他游離於黨派之外，在變化無常的議會遊戲中拼湊新政府多數，分外困難。3 月 23 日，議會表決結果，268 票贊成，267 票反對或棄權，雷諾僅以一票多數組閣。所以新政府基礎十分脆弱，雷諾為了避免政治分裂局面和延長政府壽命，只得讓一些綏靖主義分子、失敗主義者占據政府要津。先天不足的新政府難以執行強有力的政策開拓抗德戰爭的新局面。當時法國多數軍政要員仍無心抗戰而醉心於「禍水東引」。戴高樂描繪道：「某些人認為，與其說希特勒是敵人，不如說史達林（Stalin）是敵人。他們更加關心的是如何打擊俄國……至於如何對付德國則很少關心。」他們老是盤算著：「德國人到底是西進進攻巴黎，還是東進攻取莫斯科（Moscow）？於是與希特勒媾和，結束『奇怪的戰爭』的議論甚囂塵上。」各黨派、各工會、各企業、各報紙、各行政機構內部都存在公開贊成停止戰爭的勢力。對此雷諾採取觀望政策。他在 4 月 18 日參議院的一次祕密會議上說：「要我們衝向齊格菲防線，那簡直荒謬可笑。我們現在絕不會這樣做。」

而戴高樂則別具慧眼，他預見到一場史無前例的世界大戰已經來臨，法國必須全力以赴去爭取勝利。他向 80 位軍政要員提出的備忘錄中早已明確指出：

「我們不要再欺騙自己了！已經開始的這場戰爭，很可能
比過去曾經蹂躪過全球的任何戰爭範圍更廣、更複雜、更猛
烈，這次戰爭會引起深刻的政治、經濟、社會和道德的危
機……它將在徹底改變各國人民的地位和國家結構的情況
下，造成毀滅性的結果。」

第二次世界大戰的進程及其後果完全證實了戴高樂預見的
準確性，可是當時法國的軍政要員們卻把這番精闢的話當成耳
邊風。

3

5月10日拂曉，德國出動大量機械化部隊和空軍發動閃電
戰，入侵荷蘭、比利時，打破了持續8個月之久的「西線無戰
事」的奇特局面。12日，德軍主力粉碎法軍薄弱的防禦，直趨
位於馬斯河（Meuse）畔的色當要塞。14日晚，色當陷落，德
軍主力南下直逼巴黎，法軍全線崩潰。色當這座小城為法國人留
下的回憶總是慘痛的，1870年9月2日，拿破崙三世和麥克馬
洪元帥在這裡向普魯士投降，87,000名官兵放下武器，皇帝本
人也當了俘虜。整整70年後，法國又一次在這裡蒙受軍事災難。

在這場戰爭中，戴高樂奉命指揮第四裝甲師。當時東北戰
線司令喬治（George）將軍向戴高樂面授機宜時特意說道：「戴
高樂，你長期以來所持見解，敵人已經實現，現在該是你大顯

身手的時候了。」戴高樂當時好不容易才搜羅了 150 輛坦克應戰，但他當時就已經下定了決心：「只要我還活著，我就要戰鬥，不論叫我打到哪裡，不論叫我打多久，不打垮敵人，血洗國恥，絕不甘休。」

1940 年 5 月 27 日至 30 日，戴高樂在阿爾貝維爾（Albertville）打了勝仗，俘敵數百，繳獲大量武器和軍用物資，阻斷了德軍進攻，他因此受到部隊嘉獎，被稱為「勇敢果斷的傑出指揮官」。但這些局部地區的小勝仗，戴高樂或許可以聊以自慰，但對法國的潰敗局面發揮不了什麼作用。

緊急關頭，雷諾於 6 月 2 日組閣，解除達拉第職務，自兼外交部長，任命戴高樂為國防副國務祕書長，同時加強主戰派在內閣中的地位。這是戴高樂一生的重大轉折，從此，他由軍界進入政界，開始了曲折奇特而又豐富多彩的政治生涯。

戴高樂奉召從前線回到巴黎。由於敵我力量過於懸殊，他向雷諾慷慨陳詞：「除非出現奇蹟，否則在法國本土無法堅守。……如果 1940 年這一仗失敗，我們還可以贏得另外一仗。一方面我們要盡可能不放棄歐洲大陸上的戰鬥，同時還必須下定決心，做好準備，在法蘭西帝國範圍內繼續戰鬥。

這就需要有一項政策來安排以下各項事宜：把資源運往北非，選擇適當領導人來指揮這項行動。不論以往對英國人有什麼樣的宿怨，現在都要和他們保持親密關係。我願意自告奮勇來負責處理這些事宜。」

6 月 9 日，戴高樂奉命前往倫敦。

這是個星期日。儘管德軍在歐洲大陸長驅直入，勢如破竹，英國首都卻寧靜得近於淡漠。在英國人看來，英倫海峽在任何情形下總是遼闊而不可逾越的。邱吉爾（Churchill）在首相府接見他。戴高樂明確表示：法國政府在必要時將在法蘭西帝國的範圍內堅持抗戰。邱吉爾對這一決定表示滿意，但不大相信真的能夠實現。邱吉爾認為，法國本土敗局已定，拒絕派遣皇家空軍配合作戰。戴高樂從談話中得出結論：倫敦和巴黎之間戰略上的配合實際上已經不存在。大陸形勢逆轉促使英國只管自己本國的防務了。」

這次談話本身並不重要，但這是二戰中兩位風雲人物邱吉爾和戴高樂的首次接觸。戴高樂儘管對這次談話結果非常失望，但對邱吉爾本人留下了深刻的印象：「大不列顛在這樣一位鬥士的領導下不會畏縮。我認為邱吉爾先生能不辭艱苦，擔當起任何崇高的任務。」戴高樂也同樣讓邱吉爾留下了良好印象：他「沉著、冷靜、鎮定自若」，他甚至絕口不提失敗或停戰的可能性，他所談的只是盡一切可能繼續在法國本土戰鬥，必要時在法蘭西帝國範圍內堅持抗德。

6 月 9 日至 10 日晚，德軍進抵巴黎附近的塞納河岸，並從東、西、北三面撲向巴黎，6 月 14 日，巴黎陷落。雷諾政府準備遷往北非繼續戰鬥，戴高樂再一次前往倫敦商談由英國協助解決政府遷往北非的海上運輸問題。

然而這次倫敦之行卻出乎他的意料之外：擺在他面前的是一份由英方與法國駐英官員共同草擬的建立「英法永久同盟」方案！其中規定，英法今後不再是兩個國家，而是一個英法聯盟。戰爭期間，兩國只設統一的戰時內閣，兩國軍事力量均置於戰時內閣指揮之下；兩國議會正式合併。

　　戴高樂內心相當矛盾，一方面，覺得英法各有特點，利益不盡相同，「合併」不合情理，也難以實現；另一方面，又覺得當前最重要的是阻止投降，繼續戰鬥，唯有這一項非常措施才能在千鈞一髮之際為主戰派撐腰，穩住雷諾，挽回局勢。在與邱吉爾共進午餐之際，戴高樂同意了聯盟方案。

　　戴高樂告辭邱吉爾。首相派專機送他回國，邱吉爾這樣描寫兩人分手的情景：

> 「我的印象是，雖然他的態度沉著冷靜，但他的內心感受到劇烈的痛苦。面對這位身材高大、態度冷漠的人，我不禁想：『他才是法國的陸軍統帥！』」

4

　　而此時法國國內卻發生了翻天覆地的變化。6月16日5點，決定是戰是降的內閣會議召開，主和派占了上風，當晚8點，雷諾宣布辭職，午夜，貝當內閣宣告組成。

　　戴高樂一下飛機，就獲悉內閣更迭的消息，他馬上意識到投降已成定局。

　　當晚，他反覆思量：只顧軍人服從命令的天職？還是甘願成為政府的叛逆、軍隊的抗命者，捨棄身家性命、高堂老母而出走英國，救亡圖存？反覆思考的結果，他決定抗戰到底。他認為自己與邱吉爾有過幾次接觸，對其抗戰決心有所了解，大概有可能取得英國的支持，而且他向邱吉爾告辭時，首相說過，如果情況需要，這架飛機可供他使用。

　　6月17日凌晨，戴高樂子然一身來到倫敦，隨身物品非常簡單，四件襯衫、一條替換褲子和一張全家福照片，正如他在回憶錄中所描述的：「我雙手空空，我的身邊連一個軍隊或組織的影子都沒有。在法國，我沒有擁護，也沒有聲響；在國外，我也沒有名望和地位。」他描述他當時的心境：

「我感到自己是單獨一人，一切都被剝奪了。就像一個人面
對茫茫大海，準備跳到水裡游過去。」

　　值得慶幸的是英國政府的態度。

　　英國的傳統政策是保持歐洲均勢，過去法國企圖稱霸歐洲大陸，英國便千方百計削弱法國；如今德國橫掃大半個歐洲，連英倫海峽也面臨直接威脅，英國的對策是盡量爭取法國繼續作戰，以免抗德重任全部落在英國肩上。而和戴高樂的幾次接觸讓邱吉爾認定了戴高樂。

於是在邱吉爾的許可下，倫敦廣播電臺傳出了這個不屈的戰士的聲音。「618 宣言」洋洋灑灑，振奮人心。於是，「自由法國」誕生了……

1943 年～ 1944 年，戴高樂作為法蘭西民族解放委員會主席和法蘭西共和國臨時政府首腦，領導「自由法國」武裝力量轉戰近東、非洲、巴爾幹，參加諾曼第登陸和解放法國本土的作戰行動，為反法西斯戰爭的勝利做出了重大貢獻。1945 年 11 月，法國立憲會議一致選舉他為戰後臨時政府總理。

戴高樂真正地登上了歷史的舞臺。如果戴高樂廣場這個名字的由來有步驟的話，那麼或許我們可以把這看成是第一步。

慈悲的一擊

1

戰後，戴高樂對法國所抱的希望在「政治不變」這塊巨石上碰得粉碎。儘管法國人把戴高樂擁為救世主，但是對他建議的各種憲法修改方案卻置之不理。

戴高樂反對恢復第三共和國的議會制度，因為他認為由於軍事政策不健全而導致 1940 年的慘敗，應歸咎於議會制度。「那時有那麼多的政黨，但沒有一個政黨能獲得多數票，得以制定出一個合理的軍事政策來。吵吵鬧鬧的會議與霍布斯

（Hobbes）所描寫的自然界狀態一樣，是一場一切人與一切人之間的混戰」，戴高樂警告說，「如果議會制恢復的話，那麼議會政府只能產生一系列極其軟弱無能的聯合內閣。這些內閣在最輕微的政治震動下就會倒臺。」

於是許多左翼新聞記者和政治家們紛紛指責他尋求建立專制制度。其實這是對戴高樂最大的誤解，他從來不反對人們選擇自己的政府，也從來不向統治權屬於人民的原則提出挑戰，只是在法國解放鬥爭期間和解放之初，確實需要「某種君主制度」，在這個時候沒有統一意見的領導等於沒有領導。

但後來，戴高樂認識到他在這場爭論中失敗了。1946 年 10 月 23 日公民投票通過制憲議會制定的新憲法，法蘭西第四共和國成立。第四共和國憲法建立的是控制著一個軟弱的行政機構和有無限權力的立法機構。戴高樂深信他應辭去政府職務，應該在「事情把人甩開之前，從事情中擺脫出來」。於是他大踏步走出房間，隱退了。

對於戴高樂將軍來說，1946 年至 1958 年這段時間無異於「荒漠孤煙」時期。他隱退於法國東部的科隆貝雙教堂村（Colombey les Deux Églises）的寓所裡，在這裡撰寫他的《戰爭回憶錄》，他的政治生活明顯平靜。而在他的內心，一刻也沒有平靜過，用他自己的話說，十二年裡，他在花園裡「徘徊了一萬五千次」。

他知道第四共和國體制的弊端必然導致一場全面而無法收拾的危機，他一直在等待時機。

果然不出所料，第四共和國政局長期動盪不安，參加政府的各黨之間矛盾重重，各黨內部派系林立，勾心鬥角，內閣經常處於風雨飄搖之中。

從 1946 年起到 1958 年的十二年間，更換了 20 屆內閣，執政時間最長的不過一年多，最短的只有兩三天。法國的政治生活有如地殼一般，由許多流動的地質層堆砌而成，不時發生地震，甚至火山爆發。

此外，法國還長期陷於殖民戰爭的泥淖之中無法自拔。1946 年 11 月 23 日，法國轟擊越南海防，揭開了印度支那戰爭（Indochina Wars）的序幕，直至 1954 年 7 月 20 日才簽署印度支那停戰協定恢復印度支那和平。印度支那創傷未平，同年 11 月 1 日，與阿爾及利亞的戰爭又爆發了。

與法國本土僅有一海之隔的阿爾及利亞不同於印度支那或其他法國殖民地，而有其特殊的重要性和複雜性。100 多年來，阿爾及利亞一直被視為法國本土的延伸。它是本土的南部屏障，又是法國控制北非、地中海以至整個法屬非洲的戰略基地。法國在阿爾及利亞擁有重要的經濟利益。特別是 1950 年代中期在撒哈拉（Sahara）發現的豐富的石油和天然氣，更使能源不足的法國把阿爾及利亞視為至寶。阿爾及利亞 1000 萬人口之中，有

100 多萬法裔居民，他們與本土居民有千絲萬縷的聯繫。法國多數家庭都有親友留居阿爾及利亞，或有子弟在那裡作戰，因而阿爾及利亞的前途牽動法國千家萬戶的感情和切身利益。

到了 1958 年，法國政府變本加厲加強軍事鎮壓，擴大戰爭規模，連剛剛應徵入伍的新兵也被投入戰爭充當炮灰。浩大的軍事費用使法國財政到了山窮水盡的地步。而阿爾及利亞民族解放陣線不僅在戰場上越戰越強，而且在國際上也取得越來越廣泛的支持。阿爾及利亞殖民戰爭有如一個侵蝕法國的國庫、軍隊以及整個政治生活和社會生活的毒瘤，威脅著共和國的生命。而第四共和國對此束手無策。

2

於是門庭冷落的戴高樂，巴黎總部重新熱鬧了起來，幾乎被遺忘的戴高樂又成為政界和新聞界的熱門話題，成為全國矚目的人物。

重新執政的機會即將來臨，戴高樂卻不露聲色，他深知局勢遠未明朗，未知因素甚多。1958 年 2 月，戴高樂創建自由法國時的親密戰友莫里斯（Maurice）去看他時，戴高樂斬釘截鐵地表示：

「我絕不出山，事情到此為止。」

其實他還在尋求時機。

1958 年 5 月 13 日下午 1 點，阿爾及爾（Alger）發生軍事暴亂，10 萬示威隊伍擁向駐節部長大樓，襲擊巴黎政治中心，亂哄哄的人群狂呼：

「法國的阿爾及利亞！」
「軍隊掌權！」

同日下午 6 點半左右，本土右翼分子在巴黎組織示威，與阿爾及爾暴亂遙相呼應。以「法蘭西聯邦隊伍軍人協會」為首的一萬多人先在凱旋門集會，隨即遊行示威直達同議會隔河相望的協和廣場（Place de la Concorde）。

晚上 8 點，阿爾及爾「救國委員會」成立，救國委員會敦請戴高樂出任救國政府首腦。

這是一場經過長期精心策劃的、針對第四共和國的軍事政變，主要由三股勢力組成，一是阿爾及利亞極端分子，二是軍隊的高級將領和軍官，三是戴高樂分子。

三股勢力各有各的目的，我們單說戴高樂分子。這群人都是二戰中戴高樂的親密戰友。多年的出生入死，他們對於戴高樂忠心耿耿。戴高樂下野後，他們無奈而又不甘地沉寂了十二年，阿爾及利亞的戰爭重新燃起了他們的希望。或許可以利用

混亂局面捧出戴高樂，把軍隊和殖民主義分子的暴力行動引向擁戴上臺的方向。不過他們有一條嚴格的紀律：

「絕不能讓戴高樂將軍受牽連。」

但應該說戴高樂對於他們的行動是瞭若指掌的。在這次暴亂中扮演了主要角色的德爾貝克（Delebecque）在活動前曾經三次拜訪戴高樂，向他闡明去阿爾及利亞活動的三項綱領，當時戴高樂的反應是要他好自為之，並告誡他不要操之過急，最後，他還表示希望確切而詳盡地了解有關情況並隨時取得聯繫。德爾貝克明白，這等於是一種默許和支持。於是參加示威，鼓動暴亂，爭取「救國委員會」領袖馬絮（Massu）、薩朗（Salan）的支持，德爾貝克等人鞍前馬後地跑。

5月15日，薩朗在救國委員會會議上講話，講話結束時，他喊了三句口號：

「法蘭西萬歲！」
「法國的阿爾及利亞萬歲！」
「戴高樂將軍萬歲！」

戴高樂超然事外，不露痕跡地影響了整個事件的進程。到此為止，他的時機可以算是成熟，打破沉默的時刻來臨。

3

4 個小時之後，戴高樂向報界發布了一篇簡短的、字斟句酌的聲明，打響了東山再起的第一炮。聲明全文如下：

> 國家的衰微不可避免地對本已聯合在一起的人民造成了隔閡，使正在作戰的部隊惶惶不安，並導致全國混亂，獨立淪喪。十二年來，法國所面臨的種種嚴峻問題，絕非政黨體制所能解決，國家一直處於這種災難之中。
>
> 當年，國家在危急存亡的關頭曾賦予我重任，領導全國救亡圖存。
>
> 今天，當國家再次面臨考驗之際，願國人知道我已經做好接管共和國權力的準備。

這篇寥寥數行的聲明是戴高樂一生的精彩之筆。聲明隻字未提阿爾及利亞；既沒有對軍事暴亂表態，更沒有提出阿爾及利亞問題的解決辦法，只強烈指責掌權的政治制度應對災難性局勢負責。這正是戴高樂的高明之處。他在這件事上扮演了火上澆油的消防隊員，火越燒越旺，好讓人們籲請他來救火。

5 月 16 日，國民議會舉行例會，這是戴高樂復出面臨的第一個關卡。會議伊始，社會共和黨（戴高樂派）先聲奪人，強調戴高樂曾經拯救了共和國，「你們今天能端坐在議員席上，還是托戴高樂的福。」會場頓時熱鬧了起來。

　　社會黨領袖、副總理居伊‧摩勒（Guy Mollet）把目光轉向戴高樂，他的語氣意外的溫和、友好：「儘管我們打從心底非常尊敬、欽佩戴高樂，但是，我們希望將軍對這篇很不完整的聲明加以補充。」他公開向戴高樂提出疑問，要求他予以澄清：

「您是否承認現政府是唯一合法的政府？」
「您是否譴責阿爾及爾救國委員會的策劃者？」
「如果召請您組織政府，您是否打算出席議會並遵照正常的
　授權秩序？如果得不到議會授權，您是否同意就此隱退？」

　　很顯然，摩勒在各黨一直竭力迴避召請戴高樂出山的微妙問題上鬆了口。提出的三個問題看似為難，其實已經在暗示：只要戴高樂按第四共和國的程式辦事，原則上已不再反對戴高樂重新執政。

　　戴高樂馬上抓住良機，作出答覆，宣布三天後舉行記者招待會。他故意拖上三天，讓局勢更加緊張、混亂，從而進一步暴露政府的無能，更顯出他是唯一能使法國轉危為安的人物。

　　19 日下午的記者招待會主要著眼於安定人心，爭取多數政黨和群眾的支持。他在開場白中表明自己是孑然一身，與任何政黨、任何組織都無牽連。他不屬於任何人，但又屬於所有的人。因此他是能為法蘭西效勞的人。他強調，所謂準備執掌共和國權力，「只能是執掌共和國本身委託的權力」，暗示無意

採取任何政變手段。在國民議會授權的問題上，他要求採取一種「非常程序」來授予他「在一個非常時期去完成一項非常任務」的「非常權力」。

當有人提問，這種「非常權力」是否會導致「侵犯公眾自由」？戴高樂不禁激動起來，高舉雙臂，怒氣沖沖地回答：「我做過這樣的事嗎？恰恰相反，當公眾自由喪失時，我恢復了公眾自由。我今年 67 歲了，到了這把年紀我還會開始獨裁者的生活，誰會相信？」

當記者問，為何不譴責阿爾及爾暴亂，他巧妙地加以迴避：「政府譴責了沒有？而我，現在又不是政府，為什麼要我去譴責呢？」他在記者招待會結束時聲明：「現在我該回到我的村子裡去了，聽候國人安排。」

情勢已經朝著戴高樂預期的方向急速發展，並且還將繼續發展，戴高樂已經準備全面出擊。

4

這個時候法國的基本情勢是：一方面，阿爾及爾的暴亂向本土不斷擴展，巴黎危機；另一方面，薩朗等呼籲戴高樂上臺的呼聲越來越高，戴高樂威望日重。5 月 24 日，在德爾貝克等人鼓動和支持下，一支傘兵帶著薩朗簽署的命令從阿爾及爾向科西嘉島（Corse）進軍，未發一槍一彈迅速控制全島。5 月

28 日，暴亂分子將在巴黎空降傘兵的消息頻頻傳來，巴黎緊張得喘不過氣來。戴高樂表示阿爾及爾事態嚴重，他願意從中干預以避免更大危險，不過局勢危急，必須採取緊急行動方有成功的希望。他自己也沒有什麼把握，如果要他承擔這項艱巨任務，必須授予他更多的權力。

29 日，經戴高樂授意，德爾貝克徵得薩朗和馬絮同意，發出指令，其內容大概是：阿爾及爾部隊 30 日凌晨進入巴黎。戴高樂下了最後一劑猛藥。

30 日，總統府發表公報召請戴高樂組閣。同一天，社會黨執行委員會和上下兩院議會黨團聯席會議做出決定，支持戴高樂組閣，並准許其進行憲法改革。

在這個事件中，戴高樂完成了他富有傳奇色彩的一生中的又一政治傑作。在瞬息萬變的「五月危機」中，他充分依靠阿爾及爾軍事暴亂東山再起，又超脫於暴亂勢力，設法透過合法途徑上臺；既巧妙地利用暴亂隨時可能擴及本土的緊張局勢，迫使巴黎政府和政黨人員就範，又設法將暴亂控制在可掌控範圍之內。

在這場鬥爭中，戴高樂扮演了一個似乎不是那麼光彩的角色，但撇開道德評價而從歷史的角度看，戴高樂不過是給搖搖欲墜的第四共和國以慈悲的一擊。法國在前進的道路上更為順暢了。其實戴高樂本人比任何人都更清楚這一點，一個領袖為了完成他的使命，有時必須要強硬到殘忍的地步。

1958 年 9 月 28 日，法國人以公民投票的方式通過了第五共和國憲法。憲法的核心是總統的職權。總統被授予制定和執行政策的權力，而不受國民議會不適當的干涉。這樣就制止了放任自流和癱瘓狀態，而這些狀態曾把第四共和國推向政治、經濟、社會崩潰的邊緣。有人批評戴高樂給了總統如此多的權力。但法蘭西第五共和國接下來的歷史又讓我們不得不承認，這部憲法為法國帶來的政治穩定是戴高樂最大的遺產，正如《拿破崙法典》（*Napoleonic Code*）是拿破崙的最大遺產一樣。

　　12 月 21 日，戴高樂總統當選為法蘭西共和國和非洲、馬達加斯加（Madagascar）法國屬地的總統，於 1959 年 1 月 8 日宣布就職。

　　如果我們把二戰中戴高樂的作為，看作是他登上法國歷史舞臺的漂亮的一筆，那麼阿爾及爾危機中他的傳奇上臺則是他漂亮的又一筆，從此，法國歷史深深地印留下戴高樂的痕跡。以他的名字命名一個廣場，對於法國人民來說也是那麼順理成章。戴高樂廣場，銘記的是一段歷史與一個人的聯繫。

愛麗舍宮的歲月

1

而接下去就是十年的愛麗舍宮（Élysée Palace）總統歲月了。在這十年裡，仍是風雲變幻，但無非一句話，努力恢復法國在戰爭中失去的大國地位：

對內他注重發展經濟，重整軍備，在美國的多次反對和利誘下，他仍毅然建立自己的獨立核武器力量；對外他奉行獨立自主的外交路線，主張東西方「緩和與合作」，決定與中國建立外交關係，並退出北大西洋軍事一體化機構，大大提高了法國的國際地位。

十年的時間，又是 3,650 天的傳奇，一切無法詳說，我們只能避重就輕，說說大傳奇中的小傳奇。在種種小傳奇中愛麗舍宮創造法國近代的大傳奇。

戴高樂是有說服力的。

希臘神話裡，阿波羅（Apollo）給了卡珊德拉（Cassandra）預知未來的天賦，但是後來又使聽過她警告的人不相信這些預言。這種天賦變成捆綁卡珊德拉的詛咒。戴高樂知道光有先見之明是不夠的。一個領袖人物不僅必須正確決定該做什麼，而且還應該說服別人去行動。

在《劍鋒》中，戴高樂寫道：一個領袖「必須能夠在他手下那些人的心目中樹立信任精神，他必須能夠確定他的權威」。他說權威來自名望。而名望「大致上是一種感覺、暗示和印象等等，它首先取決於具有基本的天賦。而天賦是一種無法分析的天生的穎悟」。這種天賦是少見的，他說，「某些人具有，甚至可以說在出生時就具有這種洋溢著的權威的品質。它就像一種液體，儘管不能確切地說出它的成分是什麼。」

　　而除了這個無法言傳的品質外，一個領袖人物還必須具備三種具體的品質：神祕、性格和莊嚴。「首要地，」他聲稱，「沒有神祕就不可能有名望。因為親近滋長輕視。所有的宗教都有它們的神龕，任何人在他的貼身侍僕眼裡都成不了什麼英雄。」領導者在他的計畫和舉止中，必須永遠有些東西使別人感到高深莫測，這些東西使其他人迷惑、衝動，而又能吸引他們的注意力。所以戴高樂任何時候看來都是冷淡的、疏離的，甚至孤僻的，他不喜歡別人以一種過分親近的態度來對待自己，無論是面對其他國家的領袖，還是自己的下屬，甚至是對自己赤膽忠心的親密戰友。

　　而至於語言藝術的說服力，自從戴高樂帶著他唯一的武器──語言登上歷史舞臺以來，他就深深明白這一點。他的講演口才是出色的。他的語言習慣偏於古典，像邱吉爾的英語那樣，他的法語華貴而豪放。每次講話，他總是丟開講稿，看上去彷彿是即席發言，出口成章十分自然，其實每篇講稿都是經

過精雕細琢，事先寫就，背得滾瓜爛熟。他低沉而爽朗的聲音和安詳自若的風度，總給人一種父親般的形象。

戴高樂對自己角色的要求是近於偏執的。像凱薩和麥克阿瑟（MacArthur）那樣，戴高樂在他的文章裡經常以第三者自稱。例如，「向戴高樂呼籲的願望越來越強烈」，需要「向戴高樂做肯定的回答」和「對戴高樂將軍怎麼可能會別無其他選擇」等等。對於這種習慣的由來，他的回答是，儘管有時是出於寫作風格偶爾使用第三人稱，但「更重要的原因是，我發現在別人的心目中存在一個名叫戴高樂的人，而那個戴高樂實際上是一個與我無關的獨立的人」。

他第一次認識他的公開角色的力量，是在戰時訪問法屬赤道非洲的杜阿拉城（Douala）時，成千上萬的人站在道路兩旁歡呼：「戴高樂！戴高樂！戴高樂！」在他擠過人群時，他意識到戴高樂將軍變成了一個活著的傳奇人物，一個使夏爾·戴高樂相形見絀的人物，一個比生活高大的人物。他後來說：「從那天起，我知道我必須和這個人、這位戴高樂將軍做比較。我幾乎成了他的俘虜。在我講話或是做出一個重要的決定之前，我總得問我自己，戴高樂會同意這個嗎？這就是人民期待的戴高樂的行動嗎？這是否符合戴高樂和他所扮演的角色？」他若有所思地接著說：「有許多事我本來很想做但卻不能做，因為那些事是不符合戴高樂將軍的身分的。」

他不認為他有所羅門（Solomon）那樣的聰明，但他確實相信自己具備所羅門那樣的判斷力。所以對於重大的事情，戴高樂都願意獨自做出決定。一個問題，他常常先把「所有的檔案」要來，憑著他那無限深入細節的能力，把應該知道的東西都弄清楚。然後打發走顧問，獨自深思，做出結論。他知道對於一位領袖來說，有時間去思考是多麼重要。在他的堅持下，他手下的人員每天要留出幾個小時讓他去專心思考問題。

2

似乎說得有點太多，但戴高樂愛麗舍宮的歲月是那麼紛繁複雜，具體去描述每一件事對我們來說是那麼的難，如果非要具體下去，我們可以看看他的記者招待會，這更有傳奇色彩了。

戴高樂喜歡用記者招待會突如其來地宣布重大決策，以取得轟動效應，這些決定可能事先誰都不知道。1963 年 1 月 14 日，農業部長比薩尼（Bressane）在布魯塞爾談判桌上與英國代表從英國加入共同市場的一些具體問題深入討論的時候，戴高樂在記者招待會上宣布：拒絕英國加入。比薩尼事先對此一無所知，記者招待會進行當中，英國代表在談判桌上看了遞給自己的紙條，臉都變色了，根本無心再談，而他仍不停談下去。英國代表要求暫時休會，還說他故意裝蒜。直到兩個小時之後，看到戴高樂的講稿，他才恍然大悟。

　　記者招待會次數不多，每年只舉行兩次，而且每次總少不了驚人之舉。因此戴高樂每次舉行記者招待會都會引起國內外的高度重視，邀請人數之多也是少見的。總統府新聞處發出一千餘張邀請帖，這個數字正好與愛麗舍宮節日大廳的容納量相當。除法國記者和常駐巴黎的外國記者外，各國駐法使館的新聞官也在邀請之列。

　　戴高樂的記者招待會是一次盛大而獨特的個人專場演出。1880 年代末修建的，一般供文藝演出之用的節日大廳是他的舞臺。紅色帷幕徐徐升起，大廳金碧輝煌，古色古香的巨大吊燈把全場照得通明。戴高樂一講往往就是一個多小時，但他從不照本宣科。他常常是兩手空空走上講壇，甚至連一張紙片都不帶。有時他也帶上講稿，但這些講稿都是出自他自己的手筆，哪怕是洋洋數萬言。每次起草重要演講，他都要躲到科隆貝雙的寓所，獨自閉門靜思，彷彿那裡的山川和樹木都能給他靈感和啟迪。他用的是最傳統的寫作方式，既不是口授，也不用打字機，而是自己動筆一字一句往下寫。他寫文稿時總是精心思索，仔細斟酌，一絲不苟，力求做到從內容到文字都無懈可擊。由於他對自己的講演稿總是反覆思考，反覆修改，所以他完成了寫作，內容也都記了下來。不過，正如他自己所說，他還得花上一些時間將內容背得滾瓜爛熟，才能保證在講演時流利自然。

他講話鏗鏘有力、抑揚頓挫，很有感染力。記者招待會一開始，通常他會先請記者提問。實際上總統府早有布置，記者當場提的問題，已事先提交總統府新聞處，一般不超出戴高樂想要講的範圍。戴高樂還要新聞官事先向記者說清楚：「戴高樂將軍只回答他願意回答的問題。」於是，記者招待會從頭到尾都圍著戴高樂轉。

　　當然，從各國各地來的記者很多，難免有記者臨時提出預計範圍外的問題，戴高樂的對策是：你提你的，我講我的。不管記者提什麼問題，他都從容不迫地按事先精心準備的腹稿講下去，不受任何干擾。身居高位，以法蘭西共和國的名義講話，他明白他每句話都一言九鼎，所以他從不隨意即席發揮。

　　對個別不懷好意的記者的故意刁難，他有時也脫開腹稿，回敬幾句風趣的話，引起哄堂大笑，巧妙地把對方頂回去。而這往往是在進入正題之前的序曲。有一次，有個記者不懷好意地問道：共和國總統的身體如何？戴高樂當即回答：「我的身體很好。可是請您放心，我是免不了要歸天的。」還有一次，對有人提出的類似提問，他說：「人總歸要死的，戴高樂也一樣。也許就在今晚，也許在半年或一年之後。如果我果真想讓某些人高興而讓另一些人難受的話，我要說，我還能活上 10 年、15 年。」有人把戴高樂的記者招待會稱作「在政治和歷史之間走鋼絲」。

　　就這樣，愛麗舍宮經過十年別開生面的歲月，1968 年第五共和國迎來第十個春天：

　　西歐六國共同市場的關稅同盟即將在 7 月 1 日提前實現；法國經濟保持上升情勢，黃金外匯儲備充裕，法郎堅挺，戴高樂訂於 5 月 14 日出訪羅馬尼亞，打算在蘇聯和東歐國家中打進楔子。蓬皮杜（Pompidou）總理也將於 5 月 2 日訪問伊朗和阿富汗，因為法國排擠英美利益的石油政策在伊朗取得了進展。國際上美國和越南正在醞釀和談，而巴黎將作為「和平的首都」接待前來與會的美越使者。

　　誰能想到表面的平靜下隱伏著一股強勁的暗流，戴高樂的政治生涯有點山雨欲來風滿樓之勢。生產關係要適應生產力的發展是社會發展亙古不變的定律，而這個定律卻往往造成一種悖論：合適的社會結構推動社會發展，然後在這種發展之後緊隨的卻是自身的不再合適。戴高樂政府顯然也處於這種危機之中。1968 年，法國學生運動爆發。學潮逐漸蔓延到法國其他社會各界，整個法國陷入癱瘓。這是人們對於社會結構不滿情緒的一次爆發。這次危機對法國政府造成了深刻的影響，1969 年 4 月，戴高樂將軍在一次改革方案的全民公決中失敗。第二天，他正式辭去職務，歸隱科隆貝雙教堂，在《戰爭回憶錄》的繼續寫作中度過了生命的最後時光。

1970 年 11 月 9 日戴高樂去世。所有偉人的去世似乎都沒什麼差別，無需再說，也不想再說。對於法國人，戴高樂是洛林十字架上永遠抹不去的傳奇，永遠的法蘭西精魂。如今漫步於戴高樂廣場，想起的總還是那段歲月，那個與法蘭西命運息息相關的人。或許這就是建築的魅力，它總以一種抹不去的方式記錄歷史；也或許這與建築的魅力無涉，成為歷史的東西本來就抹不去，建築只不過是人們對歷史的一種追加式的緬懷。

羅浮宮：光影世界繁華俗世

羅浮宮始建於 1190 年，當時只是腓力二世‧奧古斯都（Philippe II Auguste）皇宮的城堡。在十字軍東征時期，為了保衛北岸的巴黎地區，腓力二世於 1200 年在這裡修建了一座通往塞納河的城堡，當時就稱為羅浮宮。誰都不會想到這座防禦性的城堡會在幾個世紀後迎來令世人矚目的藝術盛會 —— 那時的羅浮宮堆滿的盡是王室的檔案、國王的狗和法蘭西的戰俘。

查理五世時，皇室的宮殿來到羅浮宮，羅浮宮開始它不同於其他建築的歷史。此後，華麗的樓塔、別緻的房間、壯觀的畫廊，羅浮宮拆了又建，建了又拆，正如法國的潮起潮落。

法蘭索瓦一世繼承王位是羅浮宮藝術生命的開始。這位極具藝術氣質的國王開始大規模收藏藝術品，於是《蒙娜麗莎的微笑》（*Mona Lisa Smile*）率先來到這座城堡，開始了這座城堡藝術品收藏的傳統。

拿破崙一世（Napoleon）搬進羅浮宮時，羅浮宮被改名為拿破崙博物館。他以前所未有的方式裝飾這個宮殿。在他看來，每一幅天才的作品都必須屬於法國，於是幾千噸的藝術品從所有被征服國家的殿堂、圖書館和天主教堂運到了巴黎，巨大的長廊布滿掠奪來的藝術品，威尼斯聖馬可教堂（Basilica Cattedrale Patriarcale di San Marco）裡的雕刻馬群也被放到競技場的拱門上。在羅浮宮裡，拿破崙的光彩持續了十二年，一直到滑鐵盧戰役的慘敗。拿破崙失勢後，約有 5,000 件藝術品物歸原主，其他的由於法國人的外交手段及說服力，仍留在羅浮宮中。

　　拿破崙三世是一位野心勃勃的皇帝，他是羅浮宮建造以來所遇到的投資最多的「建築人」。5 年內，羅浮宮新添的建築比以往數百年內修建起來的還要多。拿破崙三世時期建築群的最大特點是富麗堂皇，羅浮宮的這些新建築也不例外。

　　就這樣，前後將近 700 年，羅浮宮有了現在的模樣。

　　現在的羅浮宮已然是世界三大博物館之一。據統計，宮內藝術藏品達 40 萬件之多，而種類之富、檔次之高更是堪稱世界一流。

　　羅浮宮是一座真正的迷宮，《米洛的維納斯》（*Venus de Milo*）、《蒙娜麗莎》、《薩莫色雷斯的勝利女神》（*Winged Victory of Samothrace*）、《黛安娜出浴圖》（*Diane Resting After Bath*）、《小丑》（*Pierrot*）、《拿破崙一世加冕禮》（*Le Sacre de Napoléon*）……禿筆短文何以描盡如此盛宴，所能做的，或許唯有掛一漏萬。

　　如果非得選擇，我們願意選擇把目光停留在《奧林匹亞》（*Olympia*）。在她之前，甚至在她之後很長一段時間，不朽的真理、神聖的莊嚴感和英雄主義一直是官方藝術沙龍一貫的主題，現實似乎總與藝術無涉。但在馬奈（Manet）的光影世界，我們從作品中那古典高貴的氣質、華麗美豔的印象派色彩中觸摸到的卻是熟悉、真切、活生生的繁華俗世。在高高在上的藝術視界，我們似乎從來不曾從現實離開過。

奧林匹亞

1

「真可笑！」，「太低俗了」，「真醜」，這就是《奧林匹亞》。

1865 年藝術沙龍，觀眾對《奧林匹亞》百般嘲弄，無論是從形式上、道德上，還是它所表現的主題上。馬奈先生讓自己出盡了洋相，來沙龍看畫的人們覺得這幅畫可笑之極：

「什麼奧林匹亞？不過是個妓女罷了。」、「沙龍畫展的牆上從未出現過如此可笑的垃圾。」、「作者的動機很低劣，他簡直是在傳播淫穢和下流的東西。」、「難道藝術已經淪落到如此地步了嗎？」、「她的臉上有種早熟的、厭世的表情。」、「她那淺綠色、充血的眼睛似乎在挑逗公眾。」

《奧林匹亞》畫於 1863 年，它是馬奈最著名的繪畫作品之一。這幅畫打破了所有的禁忌，刺激了無數人的眼球。但是當時，觀眾被震怒了。

一則，《奧林匹亞》不用傳統的三維繪畫，馬奈直接把油彩潑在畫布上了，而且沒有對物體的形狀進行圓潤處理，整個畫面毫無空間感可言，顯然他用的是一種類似線條透視的繪畫手法，或者直接就把人物退入背景中去。

人們談論著畫中「奧林匹亞」的那雙髒腳，談論著畫中那

些骯髒的未經調和的黑色油彩。這是多麼大膽的表現手法。

二則，馬奈居然對神話中的女英雄、海神、貞女絲毫不感興趣，他的「奧林匹亞」是一名妓女！而且是一個名叫維克多琳・莫讓（Victorine Meurent）的現實中的女性裸體。

在馬奈那個年代，要想畫一幅反映同時代人和事的作品而沒遭到非議，那簡直是不可能的。在美術學院，學生們接受的是拿破崙「宮廷畫師」大衛（David）及其學生安格爾（Ingres）在半世紀前制定的美學規範，終日臨摹的是經典作家提香（Titian）、達文西（Da Vinci）之類的作品。

而人體模特也在不變的燈光下，站在不變的位置，擺出不變的姿勢，供學生不變地摹畫。老的男模特扮西勒努斯（Silenus）、薩堤爾（Satyr）或安喀塞斯（Anchises），年輕的扮阿基里斯（Achilles）、赫克托爾（Hector）；女模特則是維納斯和其他仙女。老師們最經常的訓話是「年輕人，要記住，畫人物時腦子裡要想到古人的形象。」

三則，裸女的目光是那麼大膽、自信，她居然直視著觀眾！這種表情通常只在貴族男子或貴族女子的肖像畫中才會有，他們在畫像中莊重地凝視著，坦然面對觀眾的注視，但他們都不是裸體！馬奈卻賦予這個人物一種漫不經心的樣子，她並不是很投入，甚至有些心不在焉。因為她並不打算去迎合任何觀眾，相反，她的樣子倒像是在研究、玩味觀眾的目光。她

沒有把背彎成弓形，她沒有回眸凝視，她沒有做出任何沙龍畫展裡傳統作品中的美麗裸女所表現出的那些嫵媚姿態，她的樣子是那麼傲慢，那麼拒人於千里之外。

事實上在當時，裸體還不是問題，每年藝術沙龍展出的畫中都有很多裸體畫像。表現裸體是幾百年來經久不衰的一個繪畫主題。但古典裸體畫有一個共同特點：他們都在討好觀眾，無論是戈雅（Goya）還是提香。為了迎合購買作品的男客戶的口味，畫中的女人總是無一例外地呈現出一種男人喜歡的姿態。

而馬奈則向傳統的表現方式、社會公認的倫理秩序發起了挑戰，他大聲地說：

不，我要和他們有所不同。

他畫裸體，還畫傲視、玩味觀眾的裸體，這才是要害。

2

而對於當時人來說，這一些儘管令人難以接受，但可能還不是那麼難以忍受。可怕的是馬奈居然絲毫不留情面地揭開社會沉痛實質表層的面紗，讓骯髒和醜惡殘酷地刺痛所有人的眼球。

第二帝國時代的巴黎物欲橫流。這是一個奢華的世界，只要有錢，幾乎什麼都能買到。那個社會庸俗不堪，到處都是暴發戶。白手起家的中產階級小業主如雨後的春筍，他們的財富大多來自實業、投機生意或鐵路、煤礦、製造業等新興產業。

他們還發明了新的花錢方式：百貨商店、成衣店。反過來，這一切又促進了雜誌廣告業的飛速發展，廣告極力渲染著巴黎人的生活，這些巴黎人沉浸在令人眼花繚亂的市儈生活中，並且樂此不疲。

與此相應的是巴黎的另一面：19世紀爆發的兩次大革命產生了大量的貧苦百姓。像「奧林匹亞」這樣的女子很可能就誕生於此。

這些女子如果僅靠做針織工藝，或者在女帽頭飾店裡幫忙的話，她們甚至連吃飯都成問題。她們迫不得已只能靠出賣肉體謀生，這是一種最原始的謀生手段。在當時的巴黎，這樣的女子成千上萬。她們會在某一天早上醒來時對自己說：我再也不要過這種日子了，今天我要穿上漂亮的衣服，幫自己找個男朋友。

於是她們去參加各種舞會，把自己打扮得漂亮一些，以便在舞會上找到一兩個男友。如果她們如願以償，得到麵包就是她們最直接也是唯一的好處，她們永遠也無法成為真正的貴婦，因為社會無法給她們婚姻。成為高級妓女，即我們今天所說的第二帝國的尤物，對她們來說已經是最幸運的事了。透過和達官顯貴的頻繁交往，她們過上了一種相當奢華舒適的生活，並且避開了社會對她們的責難。

一個精明的高級妓女，就像一個暴發戶一樣，能在一夜之間輕易步入上流社會。她們成了這樣一種人：她們居住在巴黎

市中心的豪華府宅內，生活極度奢靡，甚至是揮金如土；她們不止有一個保護人，並且這些保護人都有權有勢。

高級妓女進入上流社會的事實引起了當局的警覺。但警方無法像傳訊普通妓女那樣傳訊她們，她們事實上擺脫了法律的約束。警方倍感頭疼，他們所能做的只是拍下她們的照片，詳細地記錄下她們的活動，存入檔案。

很多人，對於當時的巴黎所表現出的社會道德風氣的墮落，感到惋惜、氣憤，甚至到了咬牙切齒的地步：你根本無法從外表判斷她們的身分，因為她們總是把自己打扮得十分高雅時髦，跟貴婦人沒有什麼兩樣，甚至是貴婦人也在模仿高級妓女的穿著打扮。在這裡，階級間的界限已經變得模糊不清，當時的上流社會顯然已經被滲透。其實階級界限的模糊早在法國大革命以後就開始了。貴族階層早就被摧毀，至少在政治上是。但出於本能的恐懼，他們不願意正視這種滲透，他們更加神經質地強調階級間的差別，掩蓋社會上的種種不體面。他們希望這個社會至少表面上看起來是「健康正常」的，希望能把那些醜陋骯髒的事情藏得越隱蔽越好。而一旦有人捅破了這層紙，激起極大的憤怒則是必然的。

而馬奈卻公然挑戰社會禁忌，公開暴露這種不體面，甚至把它展現在威嚴的沙龍畫展裡，於是，他招來了整個社會的震怒。

　　《奧林匹亞》不僅僅是一幅單純的繪畫，更是一幅表現現實生活中墮落現象的作品。一個人不可能既要抨擊這種醜陋的社會現象，同時又對那些難以維持生計的女人們表示同情。但畫家卻能透過繪畫來表現生活，表現中層妓女那種並非稱心如意的生活。「奧林匹亞」淺綠色的皮膚讓人自然聯想到了梅毒，這是一種讓嫖客、他們的妻子、還有妓女們深感恐懼的病毒。收到這束美麗的鮮花又能怎麼樣呢？一年後，或者兩年以後，像「奧林匹亞」這樣的女子，很可能就會因病情惡化而不再受寵，最後悲慘地死去。

　　這樣的現實似乎難以面對，但馬奈要的就是這樣的現實，下層大眾的、赤裸裸的現實，掩藏在繁華底下的凡塵俗世。在羅浮宮的所有作品中，《奧林匹亞》不一定是最好的，也不一定是最超凡脫俗的，但一定是最貼近民間、最貼近大眾、最貼近現實的。

印象小史

1

　　愛德華‧馬奈（Édouard Manet）生於 1832 年的巴黎，是一名大法官的長子。馬奈的家庭在當時的社會屬中上階層，他們生活在法國的行政部門，也就是政府的行政管理部門內部。在他所接觸到的那一大批畫家當中，他是唯一一個不需要

靠賣畫來維持生計的人。他的社會地位決定了他永遠不必擔心會淪落成為社會最底層的平民百姓。他可以隨心所欲地住在有著良好藝術氛圍的塞納河左岸，也可以住在右岸；他可以進巴黎最好的服裝店挑選服裝；他交遊廣泛，他享受著高高在上的特權生活；他覺得法國的文化就是他自己的文化，羅浮宮就是他的私家花園，法蘭西喜劇就是他的生活，他擁有這一切。

　　最初，馬奈對藝術事業的強烈追求，遭到了他父親的堅決反對。他希望自己的兒子能夠學習法律，但馬奈沒有妥協。他是一個很有野心的中產階級藝術家，他希望得到政府沙龍和皇家學會的認同。他並沒有像其他印象派畫家那樣很快放棄這一想法，而是一直在努力爭取。他選擇了一些可能會得到承認並引起轟動的主題。但他的另一個自我卻對此不感興趣，於是他選擇了裸體畫，並運用了一種不受歡迎的表現手法，但這種手法卻是他自己，他的朋友，甚至畫中女子都喜歡的。

　　真正的藝術家都不是憑空產生的，正如法國作家安德烈·馬爾羅（André Malraux）所說，他們是在與外界壓力的搏鬥中成長起來的。在馬奈那個年代，嚴肅畫家也深深地感到來自歷史題材繪畫大師的壓力。

　　當年馬奈在創作《奧林匹亞》的時候，要不斷地向提香、喬久內（Giorgio）、戈雅的作品學習。對於所有畫家來說，想成為偉大的畫家就不可避免要和歷史上的大師較量，而傳統繪

畫大多採用的是歷史題材。為此，年輕畫家和老畫家之間的較量，常常就展現在這些歷史題材的繪畫中。

歷史題材的繪畫主要都是神話和宗教方面的主題。它所表現的都是歷史上或傳說中的英雄人物，因此所有歷史題材的繪畫都是人物畫，無論裸體與否。在那時，只有女畫家會描繪靜物，人物畫或歷史畫被視為繪畫中最重要的主題。藝術學院為了讓學生們將來能完成這些難度較大的繪畫，總是先讓他們素描一些規定的裸體姿勢。掌握裸體的畫法，不光是為了將來能畫那些裸體的人物，更是為了畫那些複雜的非裸體人像。馬奈當年所受的也正是這種傳統的藝術訓練。六年中，他畫素描、畫裸體，並臨摹大師們的作品。但他拒絕被同化，他明白僅僅學習傳統是不夠的，他必須學會轉變，學會拋棄舊的東西，形成屬於自己和那個時代的新東西。做到這一點並不容易。

馬奈在摒棄傳統的同時，又對這種永恆的力量心存敬意。他並不否定過去，反而從這些傑作中汲取靈感。在《奧林匹亞》中，就有義大利畫家提香的名作《烏爾比諾的維納斯》（*Venus of Urbino*）的影子。學生時代遊覽佛羅倫斯時，他曾臨摹過這幅畫。

當年，他還運用文藝復興時期的風格創作了一幅多人物繪畫《草地上的午餐》（*The Picnic*），希望能在沙龍畫展中一舉奪魁。結果，這幅畫卻被評審團拒絕了，以至於馬奈在兩年以後才將《奧林匹亞》交給 1865 年的沙龍畫展。

令馬奈感到意外的是，評審團居然接受了這幅畫。上次事件之後，他們不想遭人指責，說他們對某位著名藝術家橫加責難。相反，他們想讓他自取其辱。

馬奈之所以把他的作品命名為《奧林匹亞》，是因為這個名字聽起來很像「奧蘭普」，那是當時的高級妓女常用的化名。可見，連名字都是有含義的。沙龍的觀眾震驚不已，他們被激怒了。責難接踵而至：

馬奈先生太幼稚了，連繪畫的基本規矩都不懂。也不知他是在對某幅早期名作進行拙劣的模仿呢，還是在愚弄觀眾，或是真想展示一幅作品。

隨著公眾敵視情緒的加劇，管理人員擔心該畫被毀，不得不讓人專門守衛這幅畫，最後乾脆將它移到了一個偏遠的畫廊，並且掛得比房門還高，以便遠離危險。一名評論家幸災樂禍地說：這下尊貴的《奧林匹亞》成了天花板上的一隻大蜘蛛，沒人再去嘲笑它了。

公眾的反應折磨著馬奈。他希望他的創作能拯救法國的繪畫藝術，結果卻是備受嘲弄。他寫信給波特萊爾（Baudelaire）說：「他們群起而攻之，這到底是怎麼了？」

2

事實上，在那個兩種文化激烈衝突的時代，馬奈的遭遇也是整個印象畫派的遭遇。我們不妨走近印象畫派，順著他們走過的歷史，感受文化撞擊時的電閃雷鳴。

似乎提起法蘭西，我們想到的都是它的浪漫。而其實在很長的一個時期裡，這個民族離浪漫很遠很遠：路易十四完成大一統的專制帝國後，法蘭西學院對文化藝術都有個規矩準繩：戲劇三一律，《詩的藝術》（*The Art of Poetry*）定下的規範，都被視為千古不易的金科玉律，支配思想達兩世紀之久。

到了第二帝國（1852～1871）末期，藝術還是由一個官方機構管理控制，等級森嚴。當時畫家如政府機關的公務員，逐步晉級是他們唯一的道路。

首先是進美術學院聽課，爭取羅馬獎，然後到義大利美第奇里卡迪宮（Palazzo Medici Riccardi）進修，作品在沙龍展出，最後被美術學院聘用，選入法蘭西美術學院。

在美術學院聽教師講課，崇尚古典主義的老師講的都是拿破崙「宮廷畫師」大衛及其學生安格爾在半世紀前制定的美學規範。

1856 年，歐仁·布丹（Eugène Boudin）在利哈佛（Le Havre）遇見年僅 18 歲的莫內（Monet），對他說：「你要堅

持到底，抓住第一個印象不放，因為它才是正確的。」這是一群與傳統格格不入的青年。這群青年遵奉的是庫貝爾（Courbet）的忠告：「你畫你看到的、感覺的、需要的東西。」

沒有看到什麼，也就不去畫什麼，因而在他們的畫中沒有天使謫凡、耶穌受難、瑪利亞的哀傷、巴比倫的陷落。靈感也不是來自拉斐爾（Raffaello）或普拉克西特列斯（Praxiteles）。觸動他們神經的是田野中彩色繽紛的花草，車水馬龍的大街，熙熙攘攘的廟會；農民在小酒店高談闊論，「布爾喬亞」（Bourgeoisie）在咖啡館聚會；黎明後的大海，夕陽下的樹林；半裸的舞娘，撐陽傘的淑女……總之，他們打開了畫室的門窗，甚至把畫架搬到田埂湖邊，把蜿蜒穿過巴黎的塞納河河畔當作天然工作室，讓陽光、空氣、清風、晨曦、暮色都紛紛落到他們的畫布上。

但這些作品從來也不是巴黎沙龍的座上賓。

巴黎沙龍始於「七月王朝」時期，是當時一年一度的藝術盛事，展出地點在羅浮宮。到了拿破崙三世時，沙龍遷入為1853年世界博覽會而造的工業宮。沙龍規模很大，每次展出作品有三四千件左右，掛得大廳牆壁上上下下滿是畫。評審委員會主要由兩部分組成：曾經獲獎的藝術家和政府指派的文化官員。其中，前者占 3/4。入選沙龍的作品題材都大同小異。以1861 年沙龍為例，大家看到的是：聖經時代的黑臉孔乞丐，憤

怒的亞伯拉罕，愁眉苦臉的基督，大腹便便的紅衣主教，面色陰沉的雇傭兵，郊外思索的拿破崙，還有到處都是的維納斯。

可以想見印象畫派作家們在這種沙龍中的遭遇。羅浮宮拒絕了印象畫，世人拒絕了印象畫。

3

一直到 1863 年，印象畫派才出現一線生機，但仍舉步維艱。此後，在很長的一段時間內，印象畫派一直陷於這樣尷尬的處境：契機與絕望交織，而絕望遠遠大於契機。

那一年的沙龍，評審委員會格外嚴厲，三千名藝術家送來參展的五千幅作品，有 3/5 遭到了拒絕。人稱這是一場大屠殺，堆放遭拒作品的大廳簡直成了一座大墳墓。這在藝術家中間引起了巨大的憤慨。怨聲傳到了拿破崙三世的耳中，為了平息眾怒，皇帝傳下旨意：「在工業宮另闢一室展出被拒絕的作品，讓群眾評定藝術家的不滿是否有道理。」於是有了「落選作品沙龍」。

在這一年的「落選作品沙龍」中，馬奈展出了《草地上的午餐》，印象畫引起了公眾的注意，成為大眾的焦點。裸女在美術雕塑中司空見慣，但是一個裸女坐在兩名衣冠楚楚的紳士面前，若無其事地回頭對著參觀者看，這使前來參觀的皇帝和皇后憤憤地扭身就走。馬奈也在那次被報刊稱為「獨立派的國王」。

接著幾年的沙龍中，塞尚（Cézanne）、雷諾瓦（Renoir）、莫內、巴齊耶（Bazille）、畢沙羅（Pissarro）、竇加（De Gas）的畫，有被接受的，也有不被接受的。這些畫家們在沙龍中雖然有時也占有一席之地，但是官方評論與社會依然對之冷眼相待。

在這種冷漠中，這些畫家依然孜孜不倦，有評論家說：「就像一群演員每晚對著空蕩蕩的大廳，扮演自己的角色。」

很老的俗語，皇天不負有心人。

1874 年 4 月 15 日攝影師納達爾（Nadar）免費為他們提供工作室，展出作品。當時參展的共有 30 名畫家，165 件作品：莫內 12 幅，包括那幅著名的《印象‧日出》（*Impression, Sunrise*）（「印象派」這個稱呼從此正式被使用在這些獨立畫家身上），塞尚 3 幅，莫莉索 9 幅，雷諾瓦 6 幅，畢沙羅和西斯萊各 5 幅，竇加 10 幅。展期四週，開館時間是 10 至 18 點，晚上 20 至 22 點。

儘管是個機會，但這次展出還是遭到了意料之中的打擊。參觀者在開幕式那天有 175 人，閉幕式那天 50 人，中間有幾天不超過兩人，這種票房成績跟官方沙龍相比，簡直是天上地下：以 1875 年沙龍為例，參觀者在第一天有三萬，以後每天約八千至一萬人，六週累積人次多達四十萬。

評論界對這次展出一片噓聲。許多評論家不屑去看上一

眼，就斷定這些畫醜陋、愚蠢、骯髒、不堪入目，畫這種畫的
人缺乏常識。報紙在展出十天後才有反應，並且貶多褒少：

「用馬尾巴畫畫。」
「透過列車玻璃窗看到的風景。」
……

　　這樣的畫展先後共開過八次，最後一次在 1886 年。這期
間，畫家的地位有了一定的提高。有這樣的記載，「1825 年，
在歌劇院一個父親問女兒的情人從事什麼職業，情人回答：我
是畫家，惹起周圍人的一陣哄笑。到了 1878 年，畫家可以向富
家小姐求婚，他們已經躋身於富裕商人行列」。當然這樣的好
運只降臨到極少數流行畫家身上，當時的印象派畫家還是過著
幾個人擠一間小室，幾天沒有一頓飽餐的生活。現在看來，這
個時候的印象畫派即使困難，但也僅是黎明前的黑暗了。

4

　　相比以前，印象畫派接下來的路走得順暢了許多。
　　1883 年，在畫商杜朗－盧埃爾（Durand-Ruel）的努力
下，畫家們的作品在荷蘭、英國、德國和美國展出。古斯塔
夫・卡耶博特（Gustave Caillebotte）本人是個不得志的畫
家，但是他賞識印象派，向幾乎每個印象派畫家購畫。同年，
他把收藏的 65 幅作品捐獻給國家（這些贈品構成今日巴黎

網球場現代美術館的主體展品，其中有馬奈的《陽臺》(*The Balcony*)，雷諾瓦的《煎餅磨坊的舞會》(*Bal du moulin de la Galette*)、《鞦韆》(*The Swing*)，莫內的《聖拉薩爾車站》(*Saint-Lazare train station*))。唯一的條件是這些作品必須在巴黎盧森堡公園博物館展出，然後再在羅浮宮展出。羅浮宮儘管不願意，但終於與印象畫結緣。

1886 年，「巴黎印象派畫展」在紐約獲得首次成功。而這一年，左拉 (Zola)《作品》(*L'Œuvre*) 這部小說讚揚印象派畫家堅忍不拔的開拓精神；德布西 (Debussy) 創造了印象派音樂；亨利・柏格森 (Henri Bergson) 發表《論意識材料的直接來源》(*Essai sur les données immédiates de la conscience*)，這些無疑都壯大了印象派的聲勢。

1895 年法國開了兩個對印象派歷史有重要意義的畫展，一是莫內的「大教堂系列」畫展，一是塞尚個人畫展。

1900 年巴黎世界博覽會上，印象派終於有權利在一間大廳裡展出他們的作品，莫內、寶加、西斯萊、畢沙羅、莫莉索 (Morisot)、塞尚、高更 (Gauguin)、秀拉 (Seurat) 都拿出了他們的精品。

宣稱自己的職責是盡力阻撓印象派展出的讓—里奧・傑洛姆 (Jean-Léon Gérôme)，聽到印象派作品已被世博會審議委員會接受，氣急敗壞地大叫：「不，不要這些該死的印象派！

不，不要那些破爛貨！」世博會開幕那天，當共和國總統盧貝（Loubet）走到印象派展廳前，他伸出雙臂擋在門口：

「總統閣下，請留步，這裡面是法蘭西的恥辱！」

但是傑洛姆已經回天乏術。接下來的已是人所共知的歷史了。只是那一年，莫內已 60 歲，塞尚 61 歲，雷諾瓦 59 歲，畢沙羅 69 歲，而馬奈、西斯萊、莫莉索則都已看不到這一幕了。

奮鬥了將近 40 年，印象派繪畫總算脫穎而出，從另類歸為正類，成為 20 世紀最有影響的流派，而羅浮宮中這類作品也漸漸占有了一席之地。但是有創新精神的藝術家的噩夢並沒有結束，同時代的梵谷（Van Gogh）與高更，稍後的莫迪利亞尼（Modigliani），下場比他們更慘。高更死在孤島的草屋，其餘兩人自殺身亡。誰也不敢說今後天才不會在我們身邊潦倒終生。

一戰前夕，出現了一種新型人物 —— 畫商。他們為藝術市場帶來了革命。他們類似投機商、股市代理。他們對畫一知半解，不會去研究畫的好壞，但是有商業靈敏性，看得出哪裡有成功的因素，擅於識別有商業價值的畫家。讓人買一幅畫就像買股票債券，瞄準的是它的升值空間。20 世紀初，巴黎某畫廊就貼出這樣的告示：「投機家！快來買畫！今天付出兩百法郎，十年後值一萬法郎。」現今印象派大師的任何一張油畫，拍賣得到的錢都足以養活整整一代的窮畫家；成交以後又被鎖入保險箱作為資本，以待高價再拋。這是否算是藝術遭遇的第二次悲劇？

葡萄美酒

1

　　說起印象畫派，總讓人聯想起巴黎的凡俗種種。擺脫了教堂、宮廷和上流社會習慣的題材、品位，印象畫家們的視線總在當代、身邊。魚龍混雜的咖啡音樂廳、小酒館是他們不變的話題，《女神遊樂廳的吧檯》（*A Bar at the Folies-Bergère*）等作品，酒館風情在他們的畫中隨處可見。

　　其實對於法國人來說，小酒館一直是人們藏在深處的記憶。香檳、爵士樂、葡萄酒，在印象派的繪畫作品中，在戰前戰後的黑白電影中。「Bistrot」（法語，小酒館）總能激起他們無限的懷舊情思。當唱起「當我們在河邊散步……」時，人們的時光彷彿又倒流回那些已逝的歲月中。

　　在伏爾泰的小說中，我們會讀到這樣的句子：

> 「克拉里・艾黎克斯親手倒出泡沫濃濃的阿依倫（Airen）
> 葡萄酒，用力彈出的瓶塞如閃電般劃過，飛上屋頂，引起
> 了滿堂的歡聲笑語。清澈的泡沫閃爍，這是法蘭西亮麗的形
> 象。」

　　自從古代英勇無畏的水手把葡萄樹枝從尼羅河的山谷和克里特島（Crete）帶到希臘、西西里（Sicily）和義大利南部，再由此傳入法國之後，葡萄酒就與這塊六邊形的國土結下了不

解之緣，葡萄酒文化成為法蘭西文明不可分割的一個重要部分，關於葡萄酒的那段往事成為法蘭西文化中最為瑰麗的一頁。

因此，儘管葡萄酒似乎離羅浮宮遠了，但我們還是願意說，因為說印象畫派，我們必須說葡萄酒，說法蘭西，我們更得說葡萄酒。羅浮宮關乎藝術，關乎文化，而文化藝術關乎葡萄酒。

我們還是從《聖經》說起吧。

《聖經》中，關於葡萄酒歷史的最早記載是在〈創世紀〉第八、九章。那是挪亞（Noah）醉酒的故事：挪亞是亞當與夏娃無數子孫中的一個男子。當時的世界充滿了邪惡與貪婪，只有挪亞十分虔誠地信奉上帝。於是，他們的末日隨著一場滔天洪水來到了耶和華面前，除了善良的挪亞。遵循上帝的旨意，挪亞帶著自己的妻子、兒子和媳婦，以及地上所有的物種各一對，登上了著名的挪亞方舟。洪水退去後，挪亞離開方舟，開始耕作土地，並種下了第一株葡萄植株，後來又著手釀酒。一天，他一人在帳篷裡開懷豪飲，結果爛醉如泥。他的兒子含（Ham）發現挪亞赤身裸體、醉躺在地後，就叫來了他的兩個兄弟閃（Shem）和雅弗（Japheth）。後兩人拿著長袍，倒退著進帳篷背著面幫父親蓋上，沒有看挪亞裸露的身體。挪亞酒醒後，就詛咒含，要神讓含的兒子迦南一族做閃和雅弗家族的奴隸。

雖然《聖經》上並沒有提到挪亞是否帶葡萄酒上船，但從他一下船就先栽培葡萄以便釀酒來看，似乎可以推斷他心目中除了感謝上帝以外，第一件重要的事就是種葡萄釀酒。

希伯來神話為葡萄酒的誕生附上了一層濃麗瑰奇的色彩。而事實上，關於葡萄酒的真實起源，我們已無法追溯。那段遺失在史前時代的故事，據推測，大概應該發生在一萬多年前。

眾所周知，葡萄酒是自然發酵的產物。葡萄果粒在成熟後落到地上，果皮破裂，滲出的果汁與空氣中的酵母菌接觸後不久，真正意義上的葡萄酒就產生了。而在一個偶然的機會，我們的祖先品嘗到了這樣的甜美 —— 這上帝賜予的禮物，於是，葡萄酒進入人類的歷史就開始了。幾年前考古學家在安納托力亞（Anatolia）、喬治亞（Georgia）和亞美尼亞（Armenia）發現的大量葡萄種子，為人們的這種推測提供了些許依據。

但是，真正有資料可尋的歷史還是只能追溯到五千多年前的埃及人。在尼羅河河谷地帶的古墓群中，考古學家發現了一種底部小圓、肚粗圓、上部頸口大的盛液體的土罐。經考證，這是古埃及人用來裝葡萄酒或油的土陶罐，上面的浮雕清楚地描繪了古埃及人栽培、採收葡萄的過程、釀製葡萄酒的步驟及飲用葡萄酒的情景。

大約四千多年前，一些航海家把葡萄種植和葡萄酒釀製的技術從尼羅河三角洲帶到了希臘。於是，《荷馬史詩》中有了很多關於葡萄酒的描述，希臘有了關於酒神戴歐尼修斯（Dionysus）的傳說。

到了西元前 6 世紀，經過幾千年的時間，戴歐尼修斯終於通過馬賽港來到了高盧——現在的法國。如魚入海洋，伴隨著「I LOVE PARIS」、「C'est si bon」（如此美好），葡萄酒文化在巴黎芬芳淳厚地醞釀了起來。法蘭西從此再也離不開葡萄酒。

2

有人曾這樣說：

「酒反映了人類文明史上的許多東西，它向我們展示了宗
教、宇宙、自然、肉體和生命。它是涉及生與死、性、美學、
社會和政治的百科全書。」

而法國人對葡萄酒的理念與講究，同樣反映出法國文化的各個面向。不過法國的酒文化離不開希臘、希伯來文化的影響，正如法國文化離不開拉丁文化的影響一樣。

葡萄和酒在宗教上的意義其實都來自聖經。除了挪亞醉酒，耶穌還創造了一個有關酒的奇蹟，那是在迦南的婚禮上，他把水變成了美酒。耶穌說：

「我是真正的葡萄，我的父親是種植葡萄的農民。」

對耶穌的門徒來說，酒是上帝之子的鮮血。在一些宗教儀式上，葡萄和酒受到基督教士的普遍青睞。中世紀的藝術畫中，釘在十字架上的耶穌被表現得像一串壓榨機下的葡萄。直

到 18 世紀，人們還認為喝下去的酒會在體內變成血液。在疫病流行時，所有的人都會喝酒避邪。

酒會使人陶醉。在很長一段時間內，醉酒在民間是神聖的。但基督教反對醉酒，因為「歡樂之源的酒會像毒蛇一樣咬人」。在古希臘，除了音樂家和舞蹈家，其餘人不得參加宴會飲酒。古羅馬男子嗅妻子之口以探其是否偷偷喝酒，如若聞到酒味則會將其處死。無神論與人文主義改變了宗教的嚴格戒律。哲學家柏拉圖（Plato）和蒙田（Montaigne）都曾提倡有節制地飲酒。在文藝復興時期，詩人讚美美酒帶來的創造力。在這一時期的文藝作品中，帝王和王子常以善飲的形象出現。

從很古老的時候開始，人們已將酒與藝術、善與美結合在一起。在希臘神話中，維納斯因為酒才與巴克斯（Bacchus）相逢，酒又因此被認為給人類帶來情愛和歡娛。幾乎所有的藝術都讚美美酒為人帶來的陶醉和靈感。

16 世紀畫家阿爾欽博托（Arcimboldo）把金秋之神繪成酒神模樣，他們的形象既表現出青春的緊張，又表現出在轉瞬即逝的和諧中所煥發出的精神。畫家法蘭西斯科・德・哥雅（Francisco de Goya），夏爾－弗朗索瓦（Charles-François）和奧古斯特・雷諾瓦（Auguste Renoir）等的繪畫均就葡萄及葡萄豐收時的採摘場景加以表現，以展示大自然的慷慨無私。法蘭索瓦・米勒（François Millet）的畫表現了箍桶匠酒桶的粗壯，歐仁・布丹的畫表現的則是波爾多葡萄酒桶的運輸場面。

3

1650 年，巴黎出現了最早的可飲酒咖啡館。那裡通常擁有一個平臺。在風和日麗的日子裡，巴黎市民常會聚在其上暢飲歡歌並品嘗美食。1789 年，僅一個區域就擁有 102 家這樣的咖啡館。各式各樣的人物在那裡或賭博，或嫖妓，或吵架，或跳舞。那裡是平民百姓尋找歡樂、忘卻煩惱的地方。當然在 18 到 19 世紀的小說中，那裡也是罪犯藏匿、娼妓出沒的場所。

即使在今天，我們仍然能在法國見到許多被稱為「Bistrot」或「Tapas」的小餐館。人們不僅可以在那裡吃到簡單的便餐，也往往會發現那裡歡快的氣氛更適合於朋友聚會和聊天。在時髦的大飯店裡，客人們通常只能看見大牌的波爾多酒。但在小酒館裡，老闆們卻會教給客人們明智的選酒方法，從而招攬客人。

選擇精緻悅目而又有品質的酒具和正確的飲酒方法，是酒文化中另一個不可忽視的細節。莫里哀曾把漂亮的酒瓶比作自己的愛人：

> 「美麗的酒瓶，你是那樣溫柔；美麗的咕嘟聲，你是如此動人。但我的命運充滿嫉妒。啊！酒瓶，我的愛人，如果你永遠是那麼美滿，又為何要倒空自己？」

除了形狀顏色各異的酒瓶之外，酒杯的材料和材質也會影響品酒人的情趣。理想的酒杯必須光滑透明，可以使人欣賞到酒的顏色。光滑細膩的材質能為嘴唇帶來舒適的觸覺。

「飽滿，豐腴，厚實，芬芳」，「散發著溶化丹寧的芬芳和可可樹細膩的清香」，「熱烈透明得像漁夫的眼淚」，這些飽含感情色彩的語言，表達了愛酒的人對葡萄酒的感受。在法國有專門的學校和專業研究品酒藝術。他們認為，如果在沒有欣賞到酒的色澤和芳香之前就把酒喝下去，就是放棄對喝酒最基本的享受。此外，喝酒也是有步驟的：在拿起酒杯前，必須停止說話。

品嘗前，向上舉起酒杯，用眼觀賞美酒飽滿、清澈、亮麗的色澤，輕輕晃動酒杯，讓酒香散溢開；再用鼻子嗅一嗅，然後開始品嘗。

食物與酒的搭配也是一門學問，在這一過程中，有人重視和諧統一，也有人強調對比。對於缺少食物與酒搭配知識的人來說，把同一地區的酒和當地的食物搭配在一起一般不會出錯。當然個人的愛好是關鍵，新的嘗試常會使人享受到創新的成就感。低度的紅酒常被用來佐餐魚，大部分的乳酪和葡萄酒都得平衡搭配，甜點（除非是半乾的）若是配香檳則會被認為是致命的搭配，但是亞爾薩斯的慕斯卡酒（Muscat）與蘆筍配在一起卻被視作是絕配！

談論葡萄酒文化，就不能不提及採摘葡萄的文化。收穫葡萄是法國農業中最重要的事件之一。在烈日下採葡萄很辛苦，但充滿歡樂。到處可見快樂的人群，隨處可聞愉快的歌聲。在

一首著名的榨汁歌中，可以聽到這樣的歌詞：

「滾滾的美酒，快裝滿酒壺……」

每年新酒上市時，法國餐館都會忙成一團。全國大大小小的餐館開始出售各種牌子的新酒，而親朋好友、同事、戀人們則會去餐館相聚，品嘗新酒。空氣中到處飄揚著豐收的節日氣氛。

法國的葡萄酒文化是伴隨著法國的歷史與文明成長和發展起來的。葡萄酒文化已滲透進法國人的宗教、政治、文化、藝術及生活的各個層面，與人民的生活息息相關。法國葡萄酒文化為我們打開了一扇了解法國文化的窗口。

從《奧林匹亞》到馬奈，再從馬奈到印象畫派，而後從印象畫派的光影世界到巴黎的繁華俗世，巴黎的繁華俗世離不開葡萄酒，以這樣的腳步，我們探尋到的法國文化有管窺之嫌，但我們無法求全，所能做的只能是盡量從這樣的管窺中流瀉法蘭西韻之所在。但願我們做到了。

談文化我們想起的總是一些官方、高雅的文化，正如說起中國，我們總想起詩，而事實上，真正的中國的影子還是應該到諸如戲曲、小說這些民間藝術中去尋找。

官方意味著意識形態的滲入，而高雅則意味著文飾，因此我們與其到官方沙龍中找尋一個民族的文化，倒不如回到街

市，來到百姓的言行起居。最切近一個民族靈魂的文化往往滲透在生活的原生態中，於是我們在羅浮宮的藝術盛宴中選擇了《奧林匹亞》，在千萬藝術家中選擇了馬奈，在諸多畫派中選擇了印象派，因為他們是那麼離經叛道地選擇我們所要的現世。

葡萄美酒

電子書購買

國家圖書館出版品預行編目資料

法蘭西簡史，浪漫背後的殘酷：優雅而冷漠，美
麗又血腥，那些不容忽視的法國史 / 歸海逸舟，
艾仲廷著 . -- 第一版 . -- 臺北市：崧燁文化事業
有限公司 , 2022.07
　　面；　公分
POD 版
ISBN 978-626-332-457-2(平裝)
1.CST: 法國史
742.1　　　111009078

法蘭西簡史，浪漫背後的殘酷：優雅而冷漠，美麗又血腥，那些不容忽視的法國史

臉書

作　　　者：歸海逸舟，艾仲廷
發 行 人：黃振庭
出 版 者：崧燁文化事業有限公司
發 行 者：崧燁文化事業有限公司
E - m a i l：sonbookservice@gmail.com
粉 絲 頁：https://www.facebook.com/sonbookss/
網　　　址：https://sonbook.net/
地　　　址：台北市中正區重慶南路一段六十一號八樓 815 室
Rm. 815, 8F., No.61, Sec. 1, Chongqing S. Rd., Zhongzheng Dist., Taipei City 100,
Taiwan
電　　　話：(02) 2370-3310　　　傳　　　真：(02) 2388-1990
印　　　刷：京峯彩色印刷有限公司（京峰數位）
律師顧問：廣華律師事務所 張珮琦律師

定　　　價：280 元
發行日期：2022 年 07 月第一版
◎本書以 POD 印製